考古陕西

KAOGU SHAANXI

海纳百川

陕西文物折射的对外交流

HAINABAICHUAN

shaanxiwenwuzheshededuiwaijiaoliu

赵荣 主编

王亮亮 夏楠 赵艺蓬 著

陕西新华出版传媒集团 陕西人民出版社

序

陕西是中华民族和华夏文明的重要发祥地。115万年前亚洲北部最早的直立人蓝田猿人用星星火种宣告了人猿揖别，拉开了中国历史的帷幕。此后的漫长历史中，无论是渭水河畔人类燃起的篝火，还是膴膴周原上的伟大崛起，抑或秦汉唐的盛世荣耀，华夏文明前进的脚步在这片沃土留下深深的烙印，创造了一个又一个令人自豪但却难以复制的黄金时代。陕西文物点密度大、数量多、等级高，恢弘绵长的历史不仅积淀了理性张扬的精神财富，而且留下了数量庞大、精美绝伦的历史文物。目前，陕西登记有不可移动文物49058处，馆藏文物300万件，习近平总书记说，陕西是“天然历史博物馆”，陕西文物是中华文明和中国革命的“精神标识”。

多年来，几代陕西考古人筚路蓝缕，克勤履难，陕西的重大考古发现层出不穷，取得了令人瞩目的成就。也正是这些陕西考古工作者的探微访古、旷野寻踪，使大批重要的古遗址、古墓葬得以重现于世，一些重大考古发现甚至填补了中华文明研究的空白，为弘扬与彰显华夏文明做出了重要贡献。

2015年2月，习近平总书记在陕西视察时要求我们，“要保护好文物，让人们通过文物承载的历史信息，记得起历史沧桑，看得见岁月流痕，留得住文化根脉”。陕西考古人有责任，也有义务对五十余年来的考古成果进行系统梳理，将数代陕西文物考古专家的智慧结晶，用平实的文风、生动鲜活的形式展现出来，“让收藏在禁宫里的文物、陈列在广阔大地上的遗产、书写在古籍里的文字都活起来”，以更好地完成时代所赋予的历史责任和使命，为增强文化自信、实现中华民族的伟大复兴做出应有的贡献。

立足于我省历年来的考古发现与研究成果，我们决定组织编写考古综述性科普丛书《考古陕西》，丛书以时间为发展纵轴，以空间为叙述横轴，以考古研究收获为基础，以文献引证为辅助，全面展示陕西古代文明的演进和社会图景。拟定的《考古陕西》丛书首批书目，包含12个选题。这些选题既考虑反映陕西考古的整体面貌，又突显我省考古的特色、亮点和新收获。为了发挥丛书撰写对年轻人的培养作用，我们依托陕西省考古研究院，遴选了该院的优秀中青年考古学者执笔，同时为了保证本套丛书的学术水平和价值，我们专门邀请了著名专家学者作为学术顾问。书稿完成后，编委会组织省内外相关专家对稿件审核，作者根据反馈意见进行了修订、补充和完善。在此，谨向撰稿者、学术顾问及审稿专家表示真挚的谢意。

《考古陕西》丛书的编撰出版，是陕西考古工作者开展公众考古，“让文物活起来”的一个可喜探索和良好开端，也是陕西文物工作者贯彻落实习总书记讲话精神、增强文化自信、建设社会主义文化强国的一项具体举措。2016年6月，习总书记在乌兹别克斯坦访问期间，接见了包括陕西考古学家在内的中国考古工作者代表，更进一步增强了我们工作的光荣感、责任感和使命感。探寻精神标识，传承中华文明，留住历史根脉，共铸文化自信，既是陕西文物工作者的历史责任，也将会是我们今后不懈努力的方向！

《考古陕西》丛书主要由中青年考古学人执笔，书中错讹不周之处在所难免，敬祈大家批评指正，以便我们吸收改进。

对陕西出版资金的出版资助，表示衷心感谢。

赵荣　博士

2016年12月18日

赵荣　博士

1982年毕业于西北大学考古专业，历史学学士；1986年研究生毕业于西北大学历史地理学专业，理学硕士；1992年研究生毕业于北京大学人文地理学专业，理学博士；先后任职陕西省考古研究所、西北大学城市与资源学系、西北大学国际文化交流学院等，任讲师、副教授、教授，2000年评为博士生导师。2005年起至今，任职陕西省文物局。

目录

导言

中国的对外交流史，很难说是从什么时候开始的。新石器时代，中西文化的交流便已初现曙光；商周时期，华夏文化同草原文化开始了早期接触；春秋战国时，丝绸开始西运，青铜器传入西亚和欧洲，波斯的古文献中也出现了关于中国的记载。

到了汉代，大一统的强盛帝国为大规模的经济文化交流提供了可能，张骞凿空之后，匈奴被逐，丝路畅通，汉代使者更远到安息、奄蔡、犁轩、条支、身毒、大秦，同波斯以及今天的印度、欧洲地区建立了联系。毛皮、马匹、瓜果、香料输入中原，汉代的缯帛、漆器、黄金、铁器远销各国。

魏晋南北朝时期，随着匈奴的迁徙、柔然的兴起和突厥的扩张，西域文化同中国文化因为有了更好的沟通桥梁而相互交融。波斯锁子甲传入内地，养蚕和丝织技术传入西亚和拜占廷，埃及玻璃制造方法传入中原，佛教、祆教也在中国广泛传播。

唐朝是中国对外交流史上的高峰时期。王维所写“九天阊阖开宫殿，万国衣冠拜冕旒”一语道出唐代对外交流的盛况。从某种程度上说，这是中国历史上唯一真正实现了“万国来朝”政治理想的时代。东至日本，西至罗马，南至印度，当时世界上具有影响力的国家，几乎都与唐王朝有过大量的官方与非官方的交往。唐朝以海纳百川的胸襟、兼收并蓄的气度以及前所未有的自信，吸纳着世界各个国家、各种宗教的文化，并将中国文化传播开来。有唐一代，与唐朝有过往来的国家和地区达300多个，这些国家和地区先后派遣使节来唐，随着这些使节的归去，唐文明也在世界遍地开花。

陕西在中国周秦汉唐史上的地位不言而喻，至唐末以前，陕西的对外交往史几乎就是一部中华文化的官方对外交往史。长安同开罗、雅典、罗马一起，并称世界四大古都。张骞从这里出发，丝路从这里起始，万国来这里朝拜，宗教在这里传播。

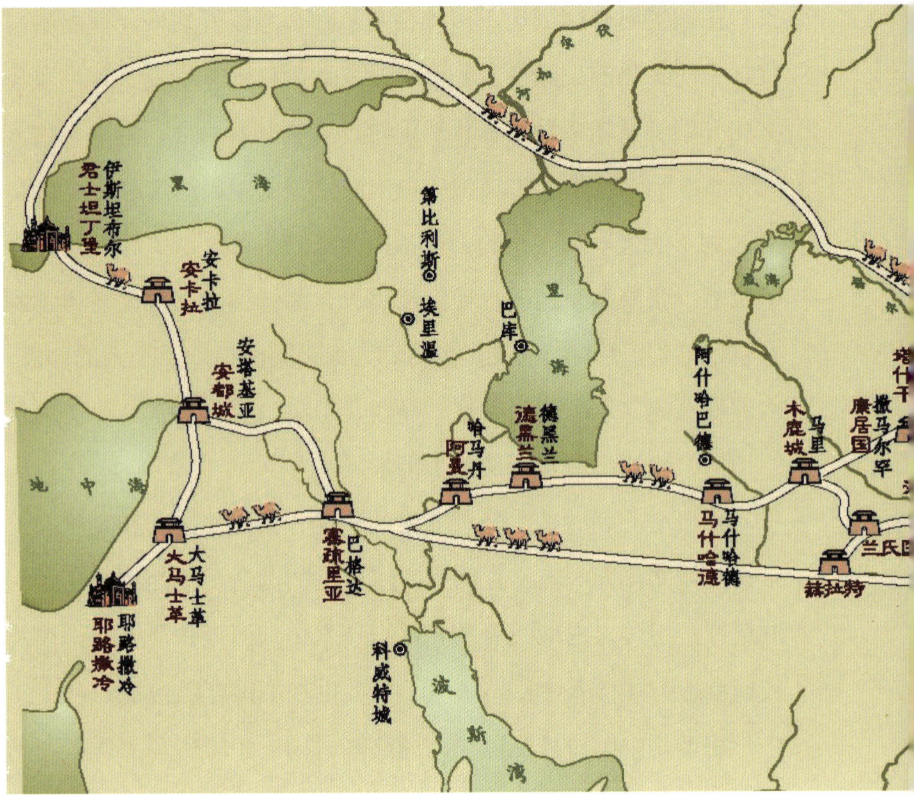

“边城暮雨雁飞低，芦笋初生渐欲齐。无数铃声遥过碛，应驮白练到安西。”只要提到对外交流史，便一定离不开这条繁荣了整整1700多年的丝绸之路。从公元前2世纪到公元16世纪，这条古道一直扮演着欧亚大陆经济文化交流大动脉的角色。从汉代起，熙熙攘攘的商队旅人便源源不断地跋涉在这条壮观的道路上，带着丝绸、火药、瓷器、茶叶、珠宝，伴着悠长的驼铃声，将遥远国度的经济文明带入中国，并将中国文明传播到世界。早年，人们对于这条东西交通的主道路并没有一个统一的名称，直到1877年，德国地理学家李希霍芬在他的《中国》一书中，首次提出了The silk road的概念，最初指汉代中国与中亚河中地区、印度之间以丝绸为主的贸易交通路线。后来，一批外国探险

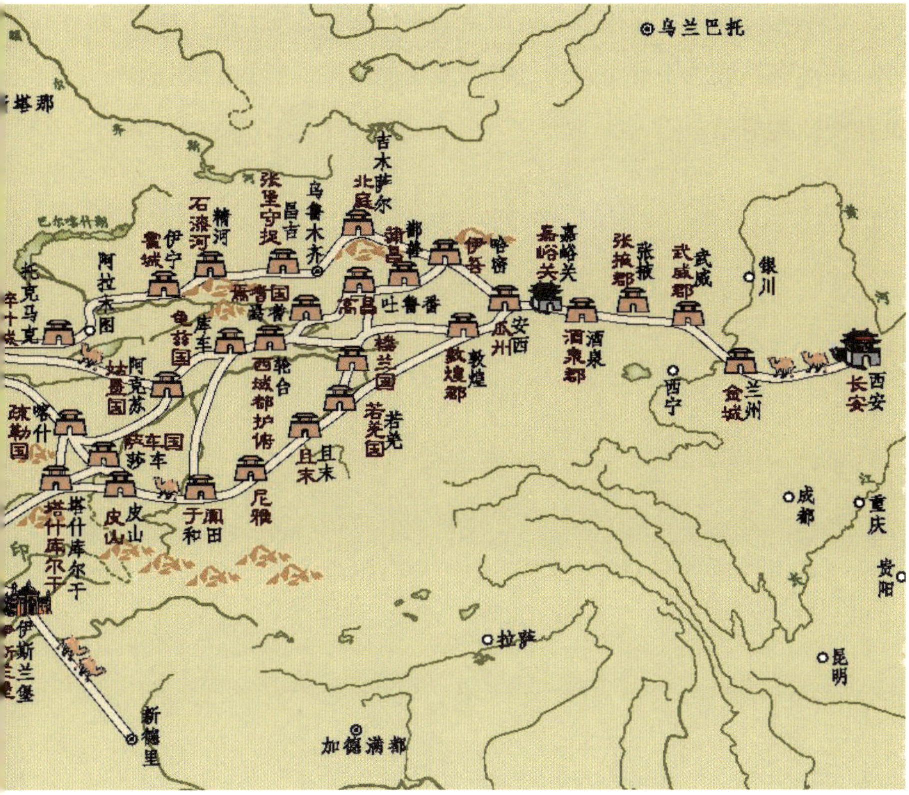

丝绸之路

家在中国西北地区进行考察，发现了大批和丝绸之路有关的遗址和遗物。他们著书立说，普遍采用丝绸之路这一名称，之后这一名称遂固定下来[1]。经历了几千年的沧桑，如今的丝路，已脱离了单纯的历史名词的范畴，而成为一个标志性的文化符号，一个连接世界上几大最重要的文明区域，一个使工艺、审美、宗教、文化得以跨地域传播的文明载体。

在本书的章节安排上，作者曾踌躇了一番，最终没有采用传统的按历史先后顺序划分章节的方法，而是沿着丝绸之路的走向，从长安西行，出塔里木盆地，经撒马尔罕，或顺喀布尔河进入印度，或历伊朗高原，抵地中海，远望非洲，勾勒出一幅源源不断

[1] 周伟洲、丁景泰：《丝绸之路大辞典》，第 1 页，陕西人民出版社，2006 年版。

的行进画卷。如此，将如珍珠般散落的单个文物，用一条主线穿起。在这条线索的引导下，透过考古发掘的成果，窥知古代社会文化交流的影子。

【壹】

天马常衔苜蓿花，胡人岁献葡萄酒

——中亚篇

位于亚洲腹地的中亚[1]，包括今天的哈萨克斯坦、吉尔吉斯斯坦、塔吉克斯坦、土库曼斯坦、乌兹别克斯坦等地。自古至今，这里一直是丝绸之路上连接东西大国的转运地段。历史上，众多民族曾在这里生活，长期进行着大规模的游牧迁徙活动。在中西交通史上，无论是从战略、政治，还是从经济、文化各方面来看，这一地区均占据不可替代的地位。东西方之间，亚、非、欧三大洲之间，从未停止过以这一地域为走廊而进行的丰富多彩的交流，其间既有友好往来，也有军事对峙。大流士、亚历山大、张骞、班超、裴行俭、阿拔斯等人相继登上这一舞台，佛教、伊斯兰教、祆教、摩尼教、景教经由此处传入中国。因此，这里成为中国、印度、西亚、埃及、希腊五大古代文明交织荟萃之所，据学者统计，目前仅在中亚地区就有24种语言文字，足以证明其在文化交流中的地位和文化容纳力。

一、闻道寻源使，从天此路回——张骞墓

博望初乘贯月槎，龙庭万里欲为家。
玉门以外安亭障，金马从西致渥洼。
凿空安能得要领，开边不异控褒斜。
轮台诏下陈哀痛，上苑犹栽苜蓿花。

——【清】谢启昆《张骞》

陕西汉中城固县城西3.5千米的饶家营，矗立着一处坐北朝南的覆斗型墓葬，墓前现有清人所立石碑一通，上书“博望侯张公骞墓”（图1-1）。

[1] 本书的中亚指葱岭以西至波斯以东的广大地区，一般所称狭义的西域（今新疆）不包括在内。

图 1-1 陕西汉中城固县的张骞墓

1938 年 5 月 21 日，由于抗战爆发而被迫迁至城固办学的西北联大历史系师生共 100 多人对张骞墓及墓前石兽进行了详细调查，调查人员在墓地周围的麦田及邻近的下李何、饶家营、季家营等村旁采集到大量绳纹残砖、残瓦及花纹陶片等遗物。

据《城固县志》载："汉博望侯张骞墓，(距县城)西五里"，"(距县城）西北八里，田中有二虎，首昂尾低，槌之则臭"。传说张骞墓前石兽"愈掘则入地愈深"、"水涨石高，永远能保持其露而数寸之状态"。同年 7 月 3 日，考古队对墓前石兽进行了发掘。发掘工作仅用一日即完工，破除了过去民间对该石兽的神化说法。石虎呈青黑色，蹲伏在地，头部已毁，颈部后仰，臀部翘起，线条遒劲。足残，尾缺，表面多剥蚀，未见花纹与刻字(图 1-2）。

图 1-2 张骞墓前石兽

在石兽的发掘

过程中，墓葬东部被雨水冲出一洞，洞中露出汉代花纹砖砌成的拱门门楣。向内探望，积土之下砖壁花纹隐约可见。8 月 24 日，考古队开始对墓道进行发掘。墓道中出土残砖、残瓦、陶片、瓷片若干，并出土一枚清代嘉庆年间铜钱。27 日，考古队开始甬道的清理工作。在第一道封门和第二道封门的甬道之间，出土了残砖、瓦片、陶片瓷片若干，以及封泥一枚。封泥正面有阳文四字，疑为“博望侯造（或铭）”。并出土汉代五铢钱 14 枚。

张骞墓的发掘清理工作于 1938 年 8 月 24 日开始，8 月 31 日结束，共进行八天。期间连日大雨，墓中积水甚多，给发掘工作带来很大难度。且预算经费已经告罄，故发掘工作难以进行下去。但发掘结束时，已对张骞墓的形制有了大体了解。从墓道方向、出土的汉砖、汉代五铢钱，以及“博望侯造（或铭）”的封泥来看，此墓确为汉博望侯张骞之墓。遗憾的是，由于发掘时间久远，发掘出土物及发掘资料在抗日战争、解放战争和十年文革中不断辗转，现绝大多数已遗失[1]。

图 1-3 张骞墓出土封泥

张骞，汉族，字子文，汉中郡城固（今陕西省城固县）人，约生于公元前175年前后的汉文帝时代，武帝元鼎三年（前114年）病逝，归葬故里。他历任郎、大行，受封为博望侯，是西汉时卓越的探险家、旅行家与外交家。《汉书·张骞列传》载：“张骞，

[1] 卜琳等：《张骞墓考古记述》，《考古与文物》2013 年第 2 期。

汉中人也，建元中为郎。时匈奴降者言匈奴破月氏王，以其头为饮器，月氏遁而怨匈奴，无与共击之。汉方欲事灭胡，闻此言，欲通使，道必更匈奴中，乃募能使者。骞以郎应募，使月氏，与堂邑氏奴甘父俱出陇西。径匈奴，匈奴得之，传诣单于。……留骞十余岁，予妻，有子，然骞持汉节不失。”

西汉武帝建元二年（前 139 年）、元狩四年（前 119 年）张骞两次率员出使月氏，其出使路线经过阿富汗，直达现在的乌兹别克斯坦共和国境内的撒马尔罕。他的游历不仅使汉朝廷掌握了关于西域各少数民族及中亚各国的许多资料，而且加强了同康居、大月氏、大夏、安息、于阗、身毒、打罙等西域各国的外交关系。打通了横跨中亚、西亚的陆路交通，使其成为古代历史上历程最长的国际性贸易通道，开辟了古代东西方国家经济文化交流的通道——“丝绸之路”。此后，汉朝每年派出的使者“相望于道”，西域的使者和商人亦络绎不绝地来华，东西方间的经济文化交流自尔始盛。

二、留滞甘为西域胡——粟特

粟特是中亚古国之一，活动范围在阿姆河和锡尔河之间，主要在今乌兹别克斯坦境内。《魏书》记载 ：“粟特国，在葱岭之西，古之奄蔡，一名温那沙。居于大泽，在康居西北，去代一万六千里。……其国商人先多诣凉土贩货，及克姑臧，悉见虏。”唐时，将粟特人统称为昭武九姓，它是由多个小国组成的联邦政府。其中，以撒马尔罕为中心的康国最大，是粟特各国的代表。据杜佑《通典》记载，中亚粟特诸国“枝庶各分王，故康国左右诸国：米国、史国、曹国、何国、安国、小安国、那色波国、乌那曷国、穆国凡九国，皆其种类，并以昭武为姓，示不忘本也……人皆深目高鼻，多须髯。善于商贾，诸夷多凑其国。有大小鼓、琵琶、五弦箜篌、笛。婚姻丧制与突厥同。俗奉佛，为胡书。”

由于地理位置和文化传统的特殊性，粟特人在丝绸之路上起着联系东西方大国的作用。魏晋南北朝时期，随着中国与中亚地区的往来日渐密切，粟特人向往的商业中心从西亚转到了长安。7世纪中叶，唐朝廷在中亚地区建立羁縻州，为丝路贸易提供了一个相对稳定的政治环境。大量的粟特人来到长安，出现“伊吾之右，波斯以西，职贡不绝，商旅相继”的场面。

粟特被称作“文明的十字路口”，绿洲、草原共存的地理环境孕育出了粟特绿洲城市文明和草原游牧文明并存的多样文化形态。波斯、突厥、唐帝国、阿拉伯等都以不同形式先后统治或占领过粟特地区。不同时期各个强大帝国的统治和管辖使它接受了不同文明的渗透和影响，商业贸易的繁荣促进了多种文明在这里的融合。因此，粟特文明吸收了不同地域文化、不同宗教艺术的特征，很难用纯粹、单一的城邦文明或游牧文明将其概括。值得注意的是，粟特商人、使者还将风格多样、表现独特的粟特文化艺术传播到丝绸之路沿线的多个文化中心和生活聚居区，为北朝、隋唐时期的中国文化带来了异域色彩。

（一）胡人吹玉笛，一半是秦声——来华粟特人

伴随着“丝绸之路”的畅通，中亚的使节、僧侣、商人不断涌入中国，构成一幅长达数世纪经久不衰的东西方文化交流景观。现今可寻可证的来华中亚人的墓葬及墓志多出在南北朝及隋唐时期。这些人大多为粟特人。由于商业利益的驱动，他们沿着丝绸之路往来营运，在沿线留下不少的活动遗迹。

1. 安伽

安伽墓所在位置为西安东北郊，2000年5月，陕西省考古

研究所对其进行了发掘。墓葬出土墓志一方，对安伽的生平、族属、官职等做了详细介绍。

安伽墓志盖篆书“大周同州萨保安君之墓志记”，墓志首题“大周大都督同州萨保安君墓志铭”，志文载：“君讳伽，字大伽，姑臧昌松（今甘肃武威）人”。姑臧是凉州的治所。凉州近西域，是胡人聚居之地，唐代的胡人墓志中，多自称为凉州人氏。安伽其人，史书无载。从墓志内容可知，安伽父名突建，任冠军将军、眉州（今四川眉山县）刺史，母亲杜氏，封昌松县君。从安伽的名字看，他应为粟特安国人，以国为姓，后迁居凉州（图 1-4）。

图 1-4 安伽墓出土墓志盖拓片

图 1-5 安伽墓出土墓志拓片

从墓志记载可知，安伽的职务为同州萨保（图 1-5）。萨保，又称萨甫、萨宝。《隋书·百官志》中明确将其作为官职记载：“雍州萨保，为视从七品”，“诸州胡二百户已上萨保，为视正九品”，又云“典客署，又有京邑萨甫二人，诸州萨甫一人”。《旧唐书·职官志》载：“流内九品三十阶之内，又有视流内起居，五品至从九品。初以萨宝府、亲王国官及三师、三公、开府、嗣郡王、上柱国已下护军已上勋官带职事者府官等品。开元初，一切罢之。今唯有萨宝、祆正二官而已。……视流外亦自勋品至九品，开元初唯留萨宝祆祝及府史，余亦罢之。”可见，萨保是隋唐时期一种国家职官的名称，这种官职不仅设于京邑，也设于其他州。学者认为，这一职务是“伊兰系胡户聚居点上的一种政教兼理的蕃客大首领，由于萨珊波斯社会中教士为四大社会等级中的第一等级，昭武九姓粟特诸国祆祠有审判权，故颇有政教结合倾向。故作为‘大首领’的萨宝兼理民事与宗教也就顺理成章了”[1]。在《魏书》《北史》的《西域传·康国》中的记载：“有胡律，置于祆祠，将决罚。则取而断之。重者族，次罪者死，盗贼截其足”[2]。由此可见，萨保不仅政教兼理，同时还拥有司法权力。

粟特人移民的一个重要特点是聚群而居，在敦煌、凉州等地都曾有一定数量的粟特人聚落。按照史料记载，除雍州之外的诸州中，如果有200户以上胡人，当地政府可能就设“萨保”进行管理。“萨保”一词的来源为粟特语，因此，这一职务下辖的胡人也主要是居住在中国的粟特人。

北周一朝，《周书》、《北史》均未记有萨保一职。墓志的出土，确定了北周职官序列中存在萨保，而且从墓葬规模和出土物的精美程度来看，当时担任这一职务的人社会地位较高，经济实力也较为雄厚。

安伽墓坐北朝南，墓葬形制为中国南北朝至隋唐时期的常见形制，但墓内随葬品及其葬式又与汉人有所不同，这种独特的葬俗应与粟特文化和汉族文化的融合有关。除墓志外，安伽墓还出土石门一套、围屏石榻一具，其上的浮雕图画十分具有文化融合的特色（图1-6）。

[1] 姜伯勤：《敦煌艺术宗教与礼乐文明》，第482～483页，中国社会科学出版社，1996年版。

[2]［唐］李延寿：《北史》卷九十七《西域传》第3234页，中华书局，1974年版。

图 1–6 安伽墓石门门额

安伽墓石门门额呈半圆形，正面装饰有减地浅浮雕贴金彩绘图案，图案内容为祆教祭祀场面。门额中部为火坛，三头骆驼踏在硕大的覆莲基座上，驼背负一较小的莲瓣须弥座，座上承大圆盘，盘内置薪燃火，火焰升腾幻化出莲花图案。火焰左右各有一乐神。骆驼座两侧各有一人身鹰足祭司，上半身为人身，卷发、深目、高鼻、络腮胡，戴口罩，上身赤裸，下半身为鹰身，双手握神杖伸向火坛两侧的供案。门额左右下方各有一个面向中央跽坐的胡人，面对熏炉而拜，炉内燃火，熏炉及火焰贴金。整个画面的祆教色彩十分浓厚。

祆教，古代粟特人信仰的宗教，随着入华粟特人被带到了中国。是“三夷教”中唯一一个由中国人赐予名称的宗教。新罗僧人慧超在《往五天竺国传》中记载：“从大食国已东，并是胡国，即安国、曹国、史国、石骡国、米国、康国……总事火祆”。安伽墓石门门额所刻绘的火坛由化身为三只骆驼的祆教神祇，脚踩莲座款款而来，是十分典型的祆教表现形式。左右对称两个人首鹰身祭司手执神杖伸向火坛进行祭祀活动的场面，也是入华粟特人墓葬中最具其本身民族与宗教信仰特色的因素。这类专职火坛祭祀活动的祭司，皆带一种两头上翘的口罩。因祆教经典认为，人的体液包括呼出的气都是不洁的，戴上口罩可以避免呼出的不洁气体玷污神灵。整个石门的浮雕风格具有明显的祆教特点。关于祆教，我们可以在本书中亚篇中得到进一步了解。

安伽墓墓室中部出土一具围屏石榻，石榻为青灰石质，由屏风、榻面、榻腿组成。榻面边缘正面和左右两侧雕刻线绘浅浮雕贴金图案，分为 33 个方框，方框内饰联珠纹，每个方框内雕刻一个兽头。榻腿外侧线刻兽首人身力士承重图案。围屏正面作浅浮雕彩绘减地贴金图案，红色彩绘边框（图 1-7）。石榻上的围屏分为左、中、右三个部分。左侧有三幅屏风，分别刻绘车马出行图、狩猎图及野宴图（图 1-8）。正中有六幅屏风，分别刻绘乐舞图、宴饮狩猎图、居家宴饮图、民族友好交往图、野宴商旅图及居家宴饮舞蹈图（图 1-9）。右侧亦有三幅屏风，刻绘狩猎图、宴饮舞蹈图及出行图（图 1-10）。每幅屏风基本分为上下两个场景，其内容表现西域胡人的生活画面。屏风上共刻绘 100 多个人物，另有房舍、帐幔、树木、山石、牛车、马匹、野兽、酒具、乐器、武器等，其风格具有很强的写实性。围屏石榻屏风

图 1-7 安伽墓出土围屏石榻

图 1–8
安伽墓围屏石榻左侧车马出行图、狩猎图、野宴图

图 1–10
安伽墓围屏石榻正中乐舞图、宴饮狩猎图、居家宴饮图、民族友好交往图、野宴商旅图、居家宴饮舞蹈图

上刻绘的图案与门额所表现的祭祀场面不同，基本以写实为主，画面中人物大多为胡人，表现墓主人安伽生前的社会生活经历，如出行、饮宴、狩猎、娱乐等场面。

安伽墓采用汉人常见的墓葬形制，但其随葬品及葬式又与汉人不同。安伽墓第五天井北侧及甬道口两道砖封门保存完好，甬道、墓室顶及砖壁均不见盗洞，墓室内保存情况较好，发掘时所见基本反映了当时安葬的情况。墓主人尸骨凌乱地摆放在

图 1–9 安伽墓围屏石榻右侧狩猎图、宴饮舞蹈图、出行图

墓志北侧及东侧，有的骨殖明显有火烧痕迹。同时，在甬道及墓室墙壁表面留有明显的烟熏痕，说明在封门之前，墓内已经有火燃烧。而这场火几乎没有留下灰烬，其燃料可能为油脂一类。联系祆教对火的崇拜，发掘者认为，这场火也可能是同宗教有关的一种祭祀仪式[1]。

2. 史君

史君墓位于今陕西省西安市未央区井上村东，坐北朝南，距安伽墓约 2.5 千米。墓葬内发现石门、石堂、石榻等物，出土金戒指、金币和金耳坠等珍贵文物。所出土的石刻上均采用浮雕彩绘贴金图像做装饰，内容十分丰富，涉及祆教以及有关中西文化交流的题材（图 1-11）。

史君墓出土石堂为歇山顶式殿堂建筑，坐北朝南，由底座、四壁和屋顶三大部分组成。四周均刻有浮雕纹饰。浮雕内容有四臂守护神、祆神、狩猎、宴饮、出行、商队、祭祀和升天等题

图 1–11 史君墓发掘现场

[1] 陕西省考古研究所：《西安北周安伽墓》，第 86 页，文物出版社，2003 年版。

材，并在人物面部、服饰、佩饰、器物、山水树木和建筑构件等部位施有彩绘或贴金（图 1-12）。雕刻内容与风格带有十分明显的西域特色。石堂南壁中间门楣表面磨光，出土时上面涂有一层墨，正面分别阴刻粟特文和汉文两种文字的题铭，文字已经残缺。粟特文书写流畅，汉字部分除残损的文字外，还有大段的空白，而且有许多别字和错字，文字书写也极不规范，考古人员认为：汉字部分可能是一位不甚熟悉汉字的粟特人书写的[1]。其内容记载："大周凉州萨保史君石堂"，"君……史国人也，本居西域。……迁居长安，……祖阿史盘陀，为本国萨保；……（君）大统之初，乡闾推挹，出身为萨保判事曹主，……诏授凉州萨保"。通过断章取义，我们可以得出以下信息：墓主史君为史国人，从

图 1–12 史君墓出土石堂

[1] 西安市文物保护考古所:《西安北周凉州萨保史君墓发掘简报》,《文物》2005 年第 3 期。

西域迁居长安。祖父阿史盘陀担任过史国萨保，史君本人担任过萨保府判事曹主（事）和凉州萨保等职（图 1-13）。

图 1–13 史君墓石堂门楣粟特文与汉文题铭

石堂南壁门槛两端刻有两对狮子和四个卷发童子，两次间分别刻有两个脚踏小鬼的四臂守护神，均采用高浮雕手法。四臂守护神是将佛教中的天王形象与印度教中湿婆神形象相结合。四臂守护神旁边有两个直棂窗，窗上各有四个伎乐，两个直棂窗下面分别各有一个戴口罩的人身鹰足的祭司手持火棍，设有火坛。这一图像同安伽墓石门门额图案内容有相似之处，为袄教宗教信仰的表现。

史君墓石堂西、北、东三壁图像，北壁描述的是墓主人宴饮、出行、商贸、会客的场景；西壁描绘的是狩猎和墓主人夫妇对坐的场景；东壁描绘的是墓主人夫妇通过审判、过桥的场景。史君墓中刻绘的粟特神祇，不但数量多、种类多，而且出现的场景多、部位多，是入华粟特人墓葬乃至当时中原所有已知墓葬中粟特神祇图像的佼佼者。

史君墓封门位于墓道和墓室之间，第一层为砖砌封门，第二层为石封门，石封门由门楣、门框、门扉、门槛、门墩组成。门楣正面以减地浮雕技法刻有图像，中央为一正面的四臂神，双手托门楣上方，另双手合十。其左侧有一位手执角杯的神，一手托门楣上方。右侧为怪兽和鸟首人身的神，均面向中间，怪兽头上有两角，张口卷舌，卷曲侧身，其中一爪上举。鸟首人身神为尖喙圆目，右臂弯曲上举，托门楣上方（图 1-14）。

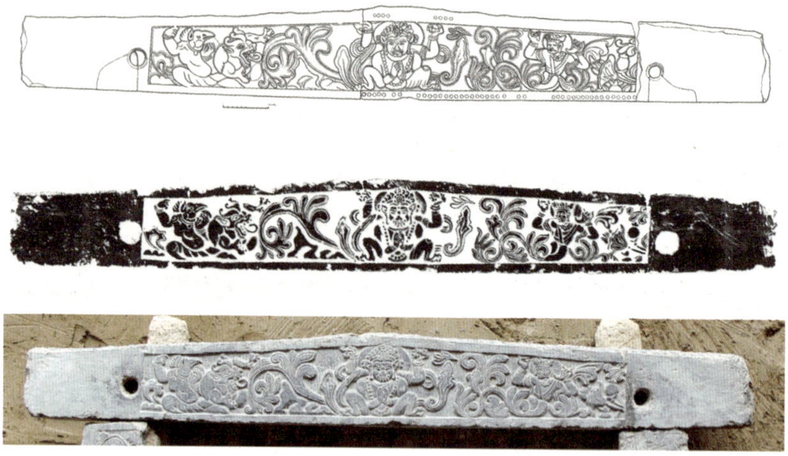

图 1–14 史君墓墓门门楣

门框分为东、西两块，平面呈长方形，正面减地刻绘浮雕图像，刻有伎乐、粟特神祇和天王形象的守护神，中间用缠枝葡萄纹相连。粟特神祇共两组，每组五人，分别手执排箫、海螺、角杯、胡瓶和长杯等乐器和物品。两个门框下边各雕刻一位守护神，面目狰狞，獠牙上举，一臂叉腰，一臂上举（图 1-15）。

图 1–15 史君墓墓门门框

史君墓出土了金戒指、金耳坠、金币等贵重金属物品，一定程度上显示出北周入华粟特人重视随葬贵重物品、营造奢侈高贵生活的死亡观。这一点在该墓葬繁复的各类石雕上也得到充分的体现（图 1-16）。

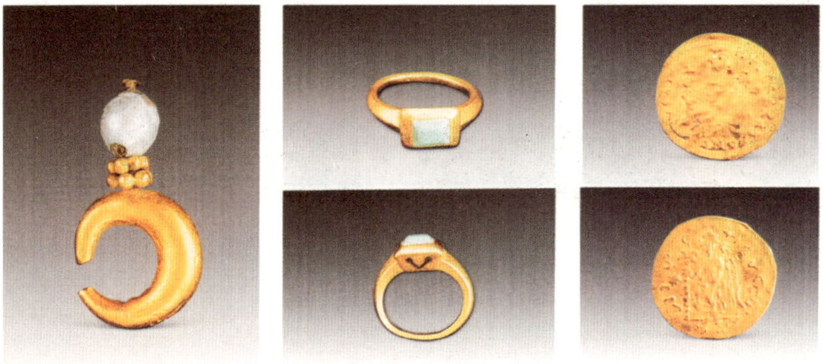

图 1-16 史君墓出土器物

3. 康业

2004 年 4 月，西安市文物保护考古所在西安北郊配合上林苑住宅小区的基建工程中发掘了一座北周时期旅居中土的粟特康国人墓葬。墓葬在安伽墓以北 150 多米处。

同安伽墓十分相似，康业墓也出土围屏石榻一具，位置在墓室北侧中部，由围屏、榻板和榻腿组成。石榻线刻精美、内容丰富（图 1-17）。围屏内壁磨光，线刻画面分为十幅，内容以会见宾客、出行为主，局部贴金，两侧及上部饰贴金柿蒂纹；榻板长方形，正面及两侧线刻图案，辅以减地浅浮雕。康业墓围屏石榻屏风图像采用线刻手法雕刻，图像描绘的主人相貌、服饰等均为汉人传统，整体充斥着汉文化风格，应该是汉族工匠所为。围屏线刻中有三幅画面表现胡人生活场景，人物多为剪发，身穿圆领窄袖长衣，也有着对襟长袍者。榻板侧面装饰的联珠纹亦具有西域风格（图 1-18）。

图 1–17 康业墓出土围屏石榻

图 1–18 康业墓出土围屏石榻线图

康业墓出土墓志一合，字体俊秀，内容翔实。志盖无字，志文记载：“君讳业，字元基，其先康居国王之苗裔也。”康业先祖为康居国王族，其父于西魏大统十年（544 年）由车骑大将军、雍州呼药、胡国豪族等举荐为大天主，父死后康业继任大天主，卒于北周天和六年（571 年），享年 60 岁，死后诏增为甘州刺史[1]（图 1–19）。

康居这一国名，常见于史料记载。张骞凿空时，便曾抵达康居，《晋书》载“康居国在大宛西北可二千里，与粟弋、伊列邻接。其王居苏薤城。风俗及人貌、衣服略同大宛，地和暖，……泰始中，其王那鼻遣使上封事，并献善马”。汉文史料对康居的衰败并没有多少记载，应是嚈哒兴起之后，入侵康居，导致康

[1] 西安市文物保护考古所：《西安北周康业墓发掘简报》，《文物》2008 年第 6 期。

图 1-19 康业墓出土墓志

居灭亡。关于康居和昭武九姓的关系，唐人一般认为，康国即康居之后。现今的学者对这一问题也多有论述，通过史书记载、地理位置等多方面考证，基本可知，隋唐时的康国，即是汉魏以来的康居，隋唐之昭武诸国，则多源于隶属康居之五小国。康国的位置位于今泽拉夫珊河南岸的撒马尔罕，又称悉万斤，有大城30，小堡300，在粟特全境处于主导地位。

目前陕西出土的北周入华粟特人墓葬共有三座，分别为康业墓、安伽墓和史君墓。康业、安伽和史君都担任过萨保，为粟特贵族。三座墓葬均位于西安市北郊大明宫乡，其中康业墓和安伽墓位于坑底寨村西北，史君墓位于井上村东。康业墓、安伽墓仅相距150米，二者与东边的史君墓相距也不过2000米。在2000年至2004年不到五年间，相继发现的这些入华粟特人墓葬，为了解粟特人在丝绸之路商贸上及东西方文化交流上所做的贡献，提供了更加直观的图像类资料，也为我们了解和研究北周入华粟特人的历史文化、社会生活和宗教信仰等提供了鲜活材料。2005年，大明宫乡南康村又发现了国内第一座有明确记载的入华罽宾人墓葬——李诞墓，该墓南距康业墓约500米，距安伽墓约650米，东距史君墓约2000米。这些墓葬出土的墓志与石刻为研究中西文化交流及中国古代绘画艺术提供了珍贵资料。它们的发现说明在北周都城长安北郊可能存在一个入华的外国人墓地。

安伽、史君、康业墓中，均出土了华丽精美的石质葬具，安伽墓与康业墓中出土围屏石榻，史君墓出土石堂，使用这种石质葬具的墓主人通常都是身份高贵之人，葬具通常采用浅浮雕，精美异常，有学者认为，石质葬具的使用是外来胡人对中国传统葬俗适应的表现，也是对其传统埋葬习惯和信仰的反映。

4. 米继芬

1955 年，在西安市三桥出土了唐永贞元年（805 年）的米继芬墓志铭，志文记载墓主人米继芬“其先西域米国人也，代为君长，家不乏贤，祖讳伊西，任本国长史，父讳突骑施，远慕皇化，来于王庭，遨质京师，永通国好，特承恩宠，累践班荣，历任辅国大将军，行左领军卫大将军。公承袭质子，身处禁军，孝以敬亲，忠以奉国。……于永贞元年九月廿一日终于礼泉里之私第”。又说：“夫人米氏，痛移夫之终，恨居孀之苦。公有二男，长曰国进，任右神威军散将，宁远将军，守京兆府崇仁府折冲都尉同正。幼曰僧思圆，住大秦寺”[1]（图 1–20）。

图 1–20 米继芬墓志

志文内容对米继芬的族属、家庭进行了记载。从“远慕皇化，来于王庭，遨质京师，永通国好”来看，米继芬父亲应为米国来

[1] 葛承雍：《唐代长安一个粟特家庭的景教信仰》，《历史研究》2001 年第 3 期。

华的质子，后任大将军之职。8世纪时期，大食（阿拉伯）东扩，中亚等国纷纷向唐王朝求救，唐、大食、吐蕃等屡次在西域发生冲突。为了防止位于各国权利交叉点上的粟特反复无常，叛变分裂，唐政府在册封西域诸国名誉称号的同时，还实行了体现唐朝宗主权的质子制度，即由西域诸国派出王室成员进入长安作为人质，保证两国联盟永不分裂。米继芬家族就是以这样的身份入唐的。米继芬随父进入长安后，又继承了其父的质子身份，身处禁军，孝以敬亲，忠以奉国。先后担任大唐左神策军故散副将、游骑将军、守左武卫大将军同正兼试太常卿、上柱国等职。但他在皇家神策军中并非主要负责军官，应只是充一名闲散的副将而已。

5. 何文哲

何文哲墓志1966年发现于西安西郊。志主何文哲为西域何国人。志文开头称："公讳文哲，字子洪，世为灵武人焉。洎根彼长源，穷其发地，则又辉于我门矣。公本何国王丕之五代孙。前祖以永徽初，款塞来质，附于王庭。簪缨因盛于本朝，爵赏由光于中土。"从这段记叙中可知，何文哲祖上是粟特何国人，《北史·西域传》载："何国，都那密水南数里，旧是康居地也。其王姓昭武，亦康国王之族类，字敦。都城方二里。胜兵千人。其王坐金羊座。东去曹国百五十里，西去小安国三百里"。何国的地理位置，约在今撒马尔罕西或西北六十英里。从"款塞来质"的记载可见，何文哲和米继芬一样，都是来华的小国质子之后[1]（图1-21）。

根据墓志中关于何文哲历官的记载，何文哲在唐德宗时补入神策左军马军副将，旋转为主兵正将。宪宗即位，制加云麾将军试鸿胪卿兼上柱国，充马军厢虞侯知将事、散兵马使，封庐江县

[1] 卢兆萌：《何文哲墓志考释——兼谈隋唐时期在中国的中亚何国人》，《考古》1986年第9期。

图 1-21 何文哲墓志拓片

开国子、进阶银青，改宾客兼监察御史，转厢使兼押衙。穆宗立，兼左神策军将军知军事充步军都虞侯、左神策大将军兼御史中丞。敬宗即位后，迁御史大夫、左散骑常侍。文宗立，以功充鄜坊丹延节度观察处置使，进封庐江郡开国公、右领军卫上将军。综合以上信息，可见何文哲前后历唐德宗、唐宪宗、唐穆宗、唐敬宗、唐文宗五朝，加官进爵，荣宠不衰。敬宗时，何文哲两次参与平定宫廷之乱，宪宗曾亲口称他“翊卫心膂，为朕爪牙”；文宗赞他“有莫大之功，社稷今存是卿之力”。在“安史之乱”之后，唐王朝对待胡人的政策由松变紧，在这样的前提下何文哲以胡人质子身份却能在宫廷护卫中身居要职，也从一个侧面反映出唐代民族融合的盛况。

（二）金错银盘贮赐冰——粟特金银器

在中国金银器皿的发展历史上，从没有哪一个朝代像唐代那样，造型别致，纹样丰富，工艺奇巧。丰富多彩的金银器，同唐代社会生活紧密联系在一起，从不同角度折射出唐人物质生活的精致。在唐代金银器的发展过程中，粟特起到了极为重要的作用，不仅其自身文化传统对唐代金银器有着特殊的影响，而且也是波斯、罗马、印度等地同中国互相影响的媒介。大唐的文明，对西亚、南亚和欧洲的影响，多是由粟特人传播开来，同样，波斯的多曲长杯、罗马的高足杯，也都由粟特传入中国。

粟特银器与唐代银器的关系最为密切，从前很多被误认为是西亚、地中海一带传来的器物，经过几代学者的考证，证实都来自粟特。

粟特金银器的纹饰、器型对隋唐金银器产生了很大影响，我们仅取以下几个例子加以佐证：

1. 凸瓣银碗

1963 年春天，西安东南郊沙坡村发现一处唐代窖藏，出土一批唐代银器，共计 15 件，大多器型优美，图案生动。西安市文物管理委员会对这批银器的资料进行了披露[1]。其中一只银碗，圈足，圆口，碗壁上捶揲出 12 个凸凹起伏的瓣状装饰，口沿以下内束一周，腹壁斜收向下。碗底正中有阴雕长角鹿的图案，鹿高 6.7 厘米，前右足上翘，两耳竖起，昂首远眺。鹿角向后左右展开，每面四个支角，整体呈火焰状，此鹿可称为花角鹿。该碗的纹样、形制与中国发现的其他银碗迥然不同。以花角鹿作为器物的装饰纹样，多见于西方器物，尤其是粟特器物上。在器物壁上捶揲出起伏的瓣状装饰，且凸鼓起伏较为明显，是 5 世纪至 6 世纪粟特银器中常见的做法。《唐代金银器》一书中收录此碗，新发现并注明“口沿下刻铭文一行，不识”。后来被认出是粟特文。经过北京大学齐东方先生考证，认为沙坡村所出的这件鹿纹银碗，正是粟特地区制造并输入中国的[2]（图 1-22）。

1970 年，西安西郊出土一件缠枝纹银碗，现藏于西安市文管会。有学者将其称之为“粟特式银碗”。该碗的碗体不深，呈

[1] 西安市文物管理委员会：《西安市东南郊沙坡村出土一批唐代银器》，《文物》1964 年第 6 期。

[2] 齐东方：《唐代金银器研究》，第 338 页，中国社会科学出版社，1999 年版。

图 1–22　沙坡村出土鹿纹银碗

八曲瓣花形，腹壁稍斜，至下部内收。碗底为多棱喇叭形矮圈足。器腹凸凹起伏的造型格外引人注目，外壁八条分瓣内凹线较深，在碗内形成八条凸起的棱线，使碗体呈八曲瓣花形，各瓣凸鼓明显。碗内沿着分瓣棱线布置八枝花草，每株有对称花叶，花草下部互相连结成八角状。碗底心饰有两层同心圆的联珠圈纹。碗的外壁按器体的八瓣分为八个单元，每单元内的纹样相同，主题由两枝完全对称的缠枝卷蔓花草组成。碗足的底边饰一周联珠。器物捶揲成型，花纹錾刻，外壁和碗内纹样鎏金[1]。北京大学齐东方教授认为，这件银碗与唐代银器的差异明显，具有浓厚的粟特银器风格。它的分瓣设计凸鼓较为明显，不同于唐代银器凸瓣起伏不大的特点。同沙坡村出土的鹿纹银碗一致，它的分瓣已经使器物成了近似多曲状，这正是粟特银器的特征。此外，这件银碗足呈多棱形，底周饰一圈联珠，这种做法在粟特银器中也较为常见。

1972 年，西安市雁塔区曲江乡曲江池村出土了一件八曲缠枝纹银碗，碗体较浅，平面呈八曲葵瓣形，腹壁微曲，下部内收，底为多棱喇叭形矮圈足。外腹部八条分瓣内凹线较深，在碗内形成八条凸起的棱线，使碗体呈八曲瓣。碗内腹沿分瓣棱线布置八株花草，每株有对称花叶，花叶顶端为三瓣，一圆两尖，花

[1] 齐东方：《西安市文管会藏粟特式银碗考》，《考古与文物》1998 年第 6 期。

图 1-23
西安市雁塔区曲江乡出土八曲缠枝纹银碗

草下部互相连接呈八角状。碗内底心饰两重联珠纹，其间围绕八出忍冬花结，碗外壁每瓣錾刻完全对称的缠枝纹。圈足沿由联珠缀成，联珠颗粒较大，器物捶揲成型，花纹錾刻，内外纹饰鎏金[1]。这件银碗具有浓厚的唐代中亚粟特银器风格，属于8世纪中叶以前的粟特银制品（图 1-23）。

说到这里，我们来介绍一个重要的考古发现，这一考古发现出土了一大批盛唐到中唐时期的珍贵金银器，是漫漫丝绸之路上中国文化与外来文化碰撞、融合和创新过程的生动再现。在本书各个章节中多有该考古发现所出土金银器的介绍，我们一并在此认识一下其发掘背景：

1970 年 10 月 5 日，陕西省西安市南郊何家村省公安厅下属的某收容所（现水文巷）内，民工们像往常一样忙碌，当地基下挖到距地表深约 0.8 米时，露出一个高 0.65 米，腹径 0.6 米的陶瓮。瓮盖一打开，里面竟是一堆闪耀夺目的金银器。紧挨陶瓮的西侧，是一个高 0.3 米，腹径 0.25 米的银罐，里面也有一堆器物。收容所负责人赶忙将这一情况报到当时的革委会，最后报至陕西省博物馆，省博物馆随即派遣工作人员前往清理。10 月 11 日，在第一个陶瓮出土地北侧 1 米处，又露出第二个陶瓮，

[1] 西安市文物考古所：《西安文物精华——金银器》，第 47 页，世界图书出版公司，2012 年版。

其大小、形状与第一个陶瓮基本相同，只是上面盖了一块银渣。第二个陶瓮打开后，瓮口是一块方玉，方玉下面摞着银盘、银碗，还有金盆、金筐宝钿团花纹金杯、玉带、银盒和鎏金鹦鹉提梁银罐等珍稀器物。器型之精巧，做工之精致，令人惊叹不已。两瓮共出土文物1000余件，其中金银器皿271件，银铤8件，银饼22件，银板60件，金银铜钱币466枚，玛瑙器3件，琉璃器1件，水晶器1件，白玉九环蹀躞带一副，玉带板9副，玉镯2副，玉臂环1对，金饰品13件。另有金箔、玉材、宝石等。金器总重量达14.9千克，银器总重量195千克。这就是享誉世界的何家村遗宝。

自50年代以来，西安地区发现唐代金银器窖藏约20处，无论是数量、种类还是品级，都不能与何家村遗宝相媲美。何家村遗宝的发现，极大地丰富了人们对唐代考古的认识，被誉为半个世纪以来一次空前的考古大发现，也被中国社科院考古研究所列为20世纪中国考古重大发现之一[1]。

对照文献记载，何家村窖藏所出土的地点应为唐长安城兴化坊内（图1-24），兴化坊为长安城内皇城附近、含光门大街西

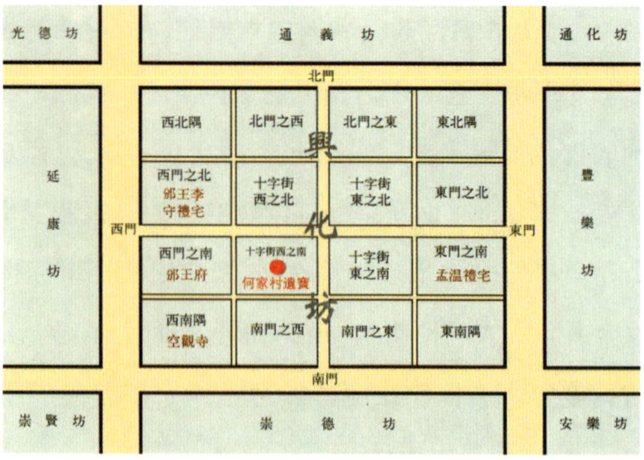

图1-24 长安城兴化坊复原示意图

[1] 申秦雁:《重见天日的遗宝》,《花舞大唐春——何家村遗宝精粹》, 第3页, 文物出版社, 2003年版。

侧第三坊，往北过两坊即是皇城，东面隔一坊为朱雀大街，西北跨一步则是西市。在盛唐时期，环视兴化坊的周边，就会发现，这一带曾经为皇家贵戚和高官贵族居住的黄金地带（图 1-25）。关于何家村遗宝的埋藏年代和主人，学术界有着不同的看法：起初有人认为，这批宝藏的主人是居于兴化坊的邠王李守礼。后有学者通过何家村出土金银器的装饰花纹进行整理分析，认为其中一部分的时间可以推后至唐德宗时期，不同于中宗至玄宗的盛唐风格，窖藏主人当为中唐时期达官贵族，而邠王李守礼为章怀太子李贤次子，生活在则天朝及玄宗朝，因此不会是邠王遗物。北京大学齐东方教授则认为：何家村遗宝与租庸使刘震有关。租庸

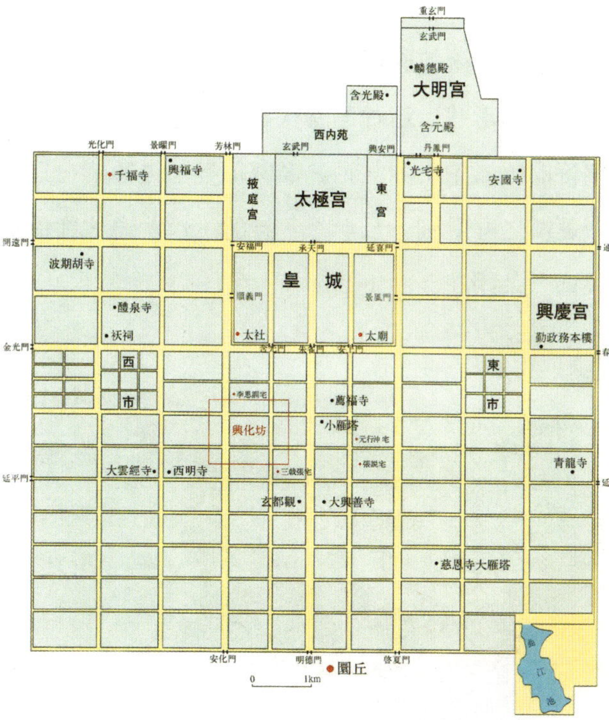

图 1-25 唐长安城复原示意图

使的职责之一是管理官府财物，“泾原兵变”时，刘震出逃之前，将准备随身携带的珍宝埋藏起来。“泾原兵变”后，刘震因参与叛乱被处斩，这些珍贵的财宝也长期埋在地下无人知晓了。何家村遗宝中有一些刻有或写有字迹的银饼，应属庸调银和官府库藏物品，可从侧面证明了何家村遗宝系租庸使刘震所埋藏的观点[1]。但这一说法目前仍缺乏有力的史料或考古发现证据支撑，尚属猜测。

何家村遗宝中的金银器做工精细，造型美轮美奂，艺术价值极高，多为唐皇室的日常用品，其所展现出的大唐气象是研究唐朝历史不可多得的珍贵资料。

在西安何家村窖藏中，共出土两件鸳鸯莲瓣纹金碗，纹饰、造型均一模一样。金碗为捶揲成型，通体纹饰錾刻而成，圈足和碗体之间焊接。金碗的腹部是捶揲出的双层莲瓣纹装饰，为两片忍冬叶片对卷的形状。这种莲瓣状是凸瓣装饰中的一种，而凸瓣装饰在粟特的银器中十分常见。银碗每瓣中央錾刻一只飞禽或走兽，两个莲瓣之间錾刻一只形态各异的飞鸟，通体饰鱼子纹底。碗内中央饰一朵团花（图 1-26）。

图 1-26 西安何家村窖藏出土鸳鸯莲瓣纹金碗

何家村窖藏出土的这两件鸳鸯莲瓣纹金碗同前文中所述的几件凸瓣银碗有所不同，其分瓣并未到底，而是

[1] 齐东方：《何家村遗宝的埋藏地点和年代》，《花舞大唐春——何家村遗宝精粹》，第 13 ~ 16 页，文物出版社 ,2003 年版。

桃形的花瓣，分为上下两层，分瓣的凸凹起伏也较为平缓。有一种观点认为这是唐式银碗的风格，但究其来源，仍是源于粟特的影响，是粟特式分瓣银碗在唐代工匠手中的改变。

凸瓣装饰是粟特银器的一大特点，其根源可溯及到地中海沿岸。粟特银器的凸瓣装饰在5、6世纪时期具有多瓣而细密的普遍特点，这应该是受到希腊风格的影响，7世纪以后，凸瓣变得粗疏，有的凸瓣接近莲瓣形状。粟特这一时期的银器中，银碗上的凸瓣起伏十分明显，甚至影响到了器物的造型，而唐代金银器上的凸瓣装饰仅仅是纹样的设计，起伏非常平缓。除上述银碗外，还有陕西耀县柳林背阴村出土的“宣徽酒坊”莲瓣鸿雁纹银碗，器壁饰三层莲瓣，底心饰鸿雁纹，器壁的莲瓣起伏已经很小，只是作为纹饰间起区划作用的分割线使用。

2. 带把杯

带把多曲银器是唐代自粟特传入的另一种器型，随着东西方陆上贸易的频繁往来，在初唐时期传入中国。7世纪至8世纪前半叶的带把杯，特征常为八棱形或罐形的杯体，杯上有把，把上带有宽指垫，下面有指鋬，指垫上有精致的胡人头像。人物纹金带把杯的环形把常由醒目的大联珠组成，这在中亚范围内游牧民族金银器中也是比较普遍的手法。

60年代初，西安沙坡村出土了两件素面银带把杯，一件素面圈足，腹腰略向内收，口沿下1厘米处有凸棱一周，口沿略向外敞，腹部有一环形把，上有云曲状平鋬，把手形状精致简朴。另一件素面圈足，口沿外敞，环形把手，把上有指垫，下面有指鋬，环形把由大联珠组成，下有一周凸棱。两件器物的把手部分都具有鲜明的粟特风格[1]。

1972年，西安南郊何家村窖藏出土六件金银带把杯，经学者考证，这些金银带把杯具有非常浓厚的粟特风格。其中一件为素面罐形带把银杯，小口，束颈，圆鼓腹，圜底，圈足，腹部焊一环形把，上有云曲状平錾，下有勾尾。银杯为锤击成型，通体光素。这件带把杯的环形把具有典型的粟特风格。其形态同俄罗斯埃尔米塔什博物馆收藏的粟特山羊纹带把银杯基本相同[2]，属于中亚系统，是粟特7世纪至8世纪盛行的器物形制（图1-27）。

图1-27 西安何家村出土素面罐形带把杯

此外，何家村窖藏还出土了一件鎏金伎乐纹八棱银杯，杯体为八棱状，器壁稍内弧为圜底，下部由横向内折棱处内收，下接喇叭形圈足。圆环形把置于杯体上部，上部有指垫，下部为指鋬。指垫上装饰两个相背的深目高鼻长髯的胡人头，呈浮雕状。环外侧有兽头，柄下里端出钩尾与环身焊接。杯身为八棱形，浇铸成型，地纹及人物细部仍采用平錾手法加工。杯身每面以錾出的联珠为栏界，内有执排箫、小铙、洞箫、曲颈琵琶的乐伎，另有抱壶、执杯及两名空手作舞者。人物均为深目高鼻、头戴卷檐尖顶或瓦楞帽的胡人，背景衬以忍冬卷草、山石、飞鸟、蝴蝶，

[1] 西安市文物管理委员会：《西安市东南郊沙坡村出土一批唐代银器》，《文物》1964年第6期。

[2] 齐东方：《何家村遗宝与丝绸之路》，《花舞大唐春——何家村遗宝精粹》，第37页，文物出版社，2003年版。

鱼子纹地。杯底錾石榴状的忍冬花结八朵。折棱处饰联珠纹。喇叭形圈足錾云曲纹，似为一朵侧视的小花，带四片简略的叶片，足底边亦为一周联珠（图 1-28）。

图 1-28 西安何家村出土鎏金伎乐纹八棱银杯

这件银杯无论是纹饰还是造型上，均无中国传统风格，其八棱杯形，联珠纹栏界，还有足底的一周联珠都具有明显的粟特风格。此杯可能为粟特输入或者由粟特工匠在华制造，年代在 7 世纪后半叶或 8 世纪初。

再如何家村出土的伎乐纹八棱金杯，相比上件八棱银杯而言，杯身较为厚重，应是一次铸造成型，杯身上有浮雕状的八名手持乐器的乐伎，分布于八个面上，乐器有竖箜篌、曲项琵琶、排箫等。乐伎的服饰和发饰与粟特宴饮图银盘中的乐伎发式十分相似，也是粟特的特色之一（图 1-29）。

这两件带把杯上的人物形象，均系深目高鼻头戴卷檐尖帽或瓦楞帽的胡人，身穿窄袖翻领袍的胡服。八棱形的金银带把杯，在粟特地区 7 世纪至 8 世纪初的银带把杯中较为常见，8 世纪中叶

图 1-29 西安何家村出土伎乐纹八棱金杯

以后逐渐消失，杯身每面常以联珠纹为栏，足底边缘也用联珠纹装饰一周，杯身上有联珠组成的环形把，把上有指垫，指垫为两个脑后相接的胡人形象。八世纪中叶以后，器体由八棱形变为筒形和圜底碗形，形态由较瘦高向粗矮发展，口径逐渐大于杯高，这是唐代器物形制深受粟特文化影响的结果。

此外还有何家村出土的金筐宝钿团花纹金杯，胎体厚重，为铸造锤击成型，素面无纹，侈口，器壁内弧，圈足，下部内收。有环形把，带勾尾。在器腹表面上，由上下两端相对的四对八个如意云朵纹分割成四个相对独立的单元，每个单元内装饰一朵掐丝团花，团花外缘焊接细密排列的金珠。这种掐丝焊接在器物表面，外缘焊接金珠，内部镶嵌宝石的工艺叫做“金筐宝钿”。金杯上镶嵌的宝石已经脱落，但整体依然精致雍容（图 1-30）。

图 1–30
西安何家村出土金筐宝钿团花纹金杯

何家村还曾出土一件鎏金侍女狩猎纹八瓣银杯。杯身八曲，口沿錾刻一周联珠，杯腹上部以柳叶条作界分为八瓣，下腹捶揲出内凹外凸的八瓣仰莲以承托杯身，每瓣内饰一朵忍冬花，近圈足处饰一周荷花。杯底焊接着饰有四组两两相应的莲瓣纹的八棱形圈足，足边錾刻一周联珠纹。在口沿下一侧焊接有多曲三角形指垫，指垫上凸起的圆片上刻着一只梅花鹿，圆片周围饰有简单的花枝。指垫下焊接着外侧饰有联珠的环柄，环柄仅能容一手指，下端有勾尾，勾尾的另一端焊接在器壁上，但环柄未与器壁连接。银杯的主体纹饰分布在外壁的八瓣内，分别是四幅男子狩猎图和四幅仕女游乐图。男子狩猎图中的人物或骑马张弓搭箭，或手持武器追赶猎物。仕女游乐图中女子体态丰腴，或站，或坐，有的手中抱有琵琶等乐器。錾刻的纹饰以银色作底，鎏金装饰，更显得层次分明。银杯的内底，以水波纹为底衬，中间錾刻出摩羯头和三条长尾鱼，凹陷的八瓣内相间地刻着四组山岳的角隅纹样，纹饰鎏金，当杯中盛放酒水的时候，就仿佛在微波荡漾的池中，鱼儿游动，水草漂浮[1]（图1-31）。

1983年，西安市未央区大明宫乡马旗寨出土的侍女狩猎纹八瓣单柄银杯，除底部圈足已佚和没有通体鎏金外，外形上与何家村出土的鎏金侍女狩猎纹八瓣银杯几乎一模一样[2]。

1980年在西安市火车站东也出土一件仕女狩猎纹银杯。银杯整体呈八瓣花状，口沿外缘錾刻一周联珠纹，足沿也装饰联珠纹。杯腹的八个花瓣是八个纹饰区，每区錾刻着一组人物，分别为四幅仕女图和四幅狩猎图。在银杯的内底处，以水波纹为底衬，

图1-31 西安何家村出土鎏金侍女狩猎纹八瓣银杯

[1] 陕西历史博物馆等：《花舞大唐春——何家村遗宝精粹》，第66页，文物出版社，2003年版。本书中所有出土于何家村遗宝的文物均引自《花舞大唐春——何家村遗宝精粹》，在此一并说明，不一一赘述。

[2] 西安市文物保护考古所：《西安文物精华——金银器》，第61页，世界图书出版公司，2012年版。

錾刻出摩羯头和三条长尾，口边有两条长须的鱼，纹饰鎏金。

器物的足呈多棱形，并在底周饰以联珠，这不是中国传统器皿的做法，而是粟特银器的典型风格。粟特银器足部多棱十分常见，至于联珠纹则流行于波斯萨珊，后经粟特传入我国，6、7世纪在中国兴盛起来。唐代金银器上的联珠纹有两种，一种是鼓出的浮雕式联珠，一种是平面錾刻出的联珠。前文所述的各种器物底部联珠以第一种为多。

3. 动物纹银盘

何家村窖藏曾出土一件鎏金双狐纹双桃形银盘。盘呈相连双桃形，捶揲成型。窄沿，浅腹，平底。在盘底两桃中心处捶揲出一对相向而行的狐狸，一狐双耳抿于脑后，长嘴朝地，作回首俯视状。一狐头向上翻转，长嘴朝天，双目仰视。两狐互为顾盼，神态生动，双狐颈部及腹股处錾刻细纹，周身施以鎏金，在光洁锃亮的银盘衬托下熠熠生辉。这种中央錾刻动物纹，四周素面的做法盛行于西亚和中亚，尤其在粟特地区更为流行。何家村出土的这件银盘，虽然在构图方式上接受了粟特风格，但是在器型上却是中国化的（图1-32）。

图 1–32
西安何家村出土鎏金双狐纹双桃形银盘

何家村出土的金银器中，还有三件鎏金动物纹六曲银盘，分别是鎏金熊纹六曲银盘，鎏金凤鸟纹六曲银盘，鎏金飞廉纹六曲银盘。这三件银盘与鎏金双狐纹桃形银盘有异曲同工之处，以植物的花或果实形状作器型，动物形象作纹饰，动物形象錾刻在盘的底心，纹饰鎏金，周围均为素面。鎏金飞廉纹六曲银盘为六曲葵花形，窄平折沿，浅腹平底，盘心处凸起并錾刻出一只动物形象，鼓翼扬尾，偶蹄双足，牛首独角，鸟身凤尾。最初有学者曾将银盘上的这只神兽定名为翼牛，后定名为飞廉。飞廉，是中国古代神话中的风神，鹿头鸟身，《楚辞》中有“前望舒使先驱兮，后飞廉使奔属”之句。这件银盘制作考究，工艺繁杂，纹饰精美，具有很强的装饰性（图 1-33）。

一同出土的还有鎏金凤鸟纹六曲银盘，平底浅腹，为六曲葵花形，盘心錾刻一侧身凤鸟纹，提足振翅，回首欲飞。银盘锤击成型，纹饰鎏金，器底正对纹样处略内凹。凤鸟通体錾刻羽毛，仅留出腹部侧身及足部，双足稍曲，足前有三爪，后有一踞足（图 1-34）。

图 1–33
西安何家村出土鎏金飞廉纹六曲银盘

此类仅在盘心装饰一动物，动物纹饰鎏金，四周均为素面的做法在波斯、粟特均曾流行。何家村窖藏出土的这几件风格同粟特银器更为接近，但却更富有中国本地的艺术特点，其上的动物纹接受了粟特艺术的写实手法，连幻想的神禽也刻划得栩栩如生，但其题材，如凤鸟纹、飞廉纹却换成我国民众所喜闻乐见的了。

图 1–34
西安何家村出土鎏金凤鸟纹六曲银盘

4. 其他

1979 年，西安市灞桥区洪庆镇田王村出土一件金颔托。通体素面，为金薄片捶揲而成，整体为椭圆状。颔托中凹，呈球面，用于托人下颌。左右两端有弧状扁长柄，起固定作用。此金颔托为丧葬用品，与 1999 年宁夏固原出土唐高宗仪凤三年（675 年）史道德墓出土金覆面中的金颔托形制相同。史道德祖先为昭武九姓中的史国人，南北朝时迁居内地，他墓葬中出土的金覆面或与粟特人所信仰的祆教有关。[1]（图 1-35）。

图 1-35
西安市灞桥区洪庆镇田王村出土金颔托

随着大食在西方的兴起，吞并萨珊波斯，势力不断扩展至中亚地区，并在随后的怛罗斯之战中打败唐军，中西交通的形势发生了变化。唐代金银器此后逐渐形成纯粹的中国式样，唐代中后期，粟特因素在金银器工艺中的表现有所减弱了。

（三）胡人献女能胡旋——粟特乐舞

两汉时期，随着国际商路的开通，中亚各国的乐舞陆续传入长安。当时把随乐而舞之人称为“伎”。陈旸《乐书》曾列举“汉世之撞末伎、舞盘伎、长跷伎、跳铃伎、掷倒伎、跳剑伎、吞剑伎、舞轮伎、透峡伎、高絙伎、猕猴幢伎、缘竿伎、椀株伎、丹朱伎，

[1] 西安市文物保护考古所：《西安文物精华——金银器》，第 111 页，世界图书出版公司，2012 年版。

唐世并在”，有些还一直流传到今天。这些舞蹈都以矫健的姿态，表现跳跃翻腾的动作，东汉傅毅《舞赋》对其有“浮腾累跪，跗蹋摩跌”的描绘。直至魏晋南北朝时期，大量西域乐舞的不断传入，促进了中原宫廷乐舞文化的融合、更新与重构，西域乐舞成为宫廷乐舞文化的重要部分。

隋唐时期，统治者宽容的对外政策，开放的社会风尚，形成隋唐乐风“具范兼容”的大家风范。这一历史时期，西域乐舞的传播遍及社会的各个阶层，外来乐舞文化与汉族传统乐舞文化进一步融合，传播的范围较之前的任何一个时代都更为深入和广泛。

1. 胡旋

胡旋舞是从北朝到隋唐时期都十分流行的一种西域胡舞，其突出特点是快速、轻盈的连续旋转。“胡旋”，是粟特语“xwcyy”的音译，意为“上佳、漂亮”。《新唐书》载：“胡旋舞，本出康居，以旋转便捷为巧，时又尚之。”《旧唐书》又载：“康国乐，工人皂丝布头巾，绯丝布袍，锦领。舞二人，绯袄，锦领袖，绿绫浑裆袴，赤皮靴，白袴帑。舞急转如风，俗谓之胡旋。”从史书记载可知，胡旋舞出自粟特康国，多为二人对舞，以高速旋转为特征。

开元、天宝年间，昭武诸国将“胡旋舞女”和其他中亚珍宝一起作为贡品进献唐王朝。无论达官贵族，抑或平民百姓，都喜爱这种带有浓郁异域风情的舞蹈形式。唐朝廷权贵中，多有擅长胡旋者，武延秀和安禄山便为其中代表。史载武延秀因“久在蕃中，解突厥语，……唱突厥歌，作《胡旋舞》，有姿媚”。安禄山“晚年益肥胖，腹垂过膝，重三百三十斤。……至玄宗前作《胡旋舞》，疾如风焉”。白居易有《胡旋女》诗云：“胡旋女，胡旋女。心应弦，手应鼓。弦鼓一声双袖举，回雪飘飖转蓬舞。左旋右转不知疲，千匝万周无已时。人间物类无可比，奔车轮缓旋风迟。曲终再拜谢天子，天子为之微启齿。胡旋女，出康居，徒劳东来万里余。中原自有胡旋者，斗妙争能尔不如。天宝季年时欲变，臣妾人人学圜转。中有太真外禄山，二人最道能胡旋。”不仅生动传神地描绘了胡旋女起舞的场景，也从侧面反映出天宝年间胡旋舞流行的盛况。

比起贵族中流行胡旋舞的盛况，唐代民间流行胡旋舞的史料稍显不足，但是出土文物却有力地补充了这一点。

从唐郑仁泰墓中出土的一组釉陶乐舞女俑可窥得一二。中间有对舞的女子二人，衣袖款摆，身体微侧，呈旋转跳跃状，身后五名跪坐侍女，手持不同乐器为其演奏，呈现出一幅生动优美的乐舞画面（图 1-36）。

图 1-36 唐郑仁泰墓釉陶仕女乐舞俑

1971 年，唐太宗昭陵陪葬墓之一的李绩墓出土一幅舞伎图。李勣，原名徐世勣，字懋功，唐初名将，曾破东突厥、高句丽，为凌烟阁二十四功臣之一。卒于总章二年（669 年），陪葬昭陵。

李勣墓墓室壁画大部分漫漶残损。舞伎图位于墓室北壁东段，图中有汉人舞者两人，右边舞人图像有残损，左边舞人图像较为完整，两人长襦长裙，上身半臂有飘带、流苏飞舞，肩披红色和淡蓝色帛带，随舞势飞扬翻转，上襦腰部系锦带，带上挽结，下束较为宽大的黑、白色长裙，举长袖，袖宽且长，挥袖曲腰，相对起舞（图 1-37）。两人舞姿、服饰相同，头梳双环望仙髻。舞姿婀娜流丽，有“飞去逐惊鸿”之感。舞姿“呈旋转中骤然下蹲貌，据此，或为胡旋舞。”[1]

图 1-37 李绩墓壁画中的舞伎图

2. 胡腾

与“胡旋舞”同时流行于中原的还有“胡腾舞”，源于粟特石国。表演者通常为男性，多以琵琶伴奏，在唐代盛极一时。关于“胡旋舞”和“胡腾舞”的区别，有学者认为：“这两个舞种是就舞蹈的具体动作说的，前者以旋转为主，后者以跳跃为主”。唐诗中也有不少描写胡腾舞的篇章，如刘言史《王中丞宅夜观舞胡腾诗》云：“石国胡儿人见少，蹲舞尊前急如鸟。织成蕃帽虚顶尖，细氎胡衫双袖小。……跳身转毂宝带鸣，弄脚缤纷锦靴软。四座无言皆瞪目，横笛琵琶遍头促。乱腾新毯雪朱毛，傍拂轻花

[1] 昭陵博物馆：《唐昭陵李勣（徐懋功）墓清理简报》，《考古与文物》2000 年第 3 期。

图 1–38
安伽墓围屏石榻中的居家宴饮舞蹈图

下红烛”。刘瑞《胡腾儿》诗中描写：“醉却东倾又西倒，双靴柔弱满灯前。”从诗作中对胡腾舞的描述来看，胡腾舞中并没有胡旋舞的快速旋转动作，而是主要以跳跃和急促多变的腾踏舞步为主。

北周安伽墓围屏石榻正中屏风画的第六幅居家宴饮舞蹈图中，主人坐于一座汉式亭子当中，下方正中一人身着红色翻领紧身长袍，袍内穿有红色内衣，腰系黑带，浅色裤，红袜，黑色长靴，正拍手、踢腿表演着“胡腾舞”（图1-38）。

唐人诗歌中对胡腾舞的描述，在唐代壁画中也留下了形象的图像材料。1952 年，陕西考古所在西安东郊经五路清理了一座唐墓，墓主苏思勖，官至银青光禄大夫行内侍省内侍员外。墓室和甬道内绘有 20 余幅壁画。其中有一幅乐舞壁画，描绘的便是胡腾舞的场景。画面右边置一黄毯，上为一组五人组成的乐队，分持竖笛、七弦琴、箜篌、排箫等乐器，一人伴唱。左面亦设一黄毯，毯上为一组六人乐队，分持琵琶、笙、钹、横笛、拍板等乐器，一人伴唱。中间地毯上的舞蹈者深目高鼻，满脸胡须，头包白巾，身穿长袖衫，腰系黑带，脚穿黄靴。扬眉动目，高提右足，左手举至头上，正在起舞[1]。舞者跳跃旋转，气氛热烈欢腾（图

[1] 陕西考古所唐墓工作组：《西安东郊唐苏思勖墓清理简报》，《考古》1960 年第 1 期。

1-39）。

图 1-39 苏思勖墓出土乐舞图

经学者考证，这幅乐舞图中的舞蹈就是胡腾舞，而演奏的音乐当是唐玄宗新创的“胡部新声”。

3. 柘枝

除上述舞蹈之外，唐宋时期还流行一种著名的胡舞——“柘枝舞”，亦源于粟特石国。石国又名“柘枝”，故舞蹈以“柘枝”为名。《新唐书・西域传》载：“（石国）或曰柘支、曰柘折、曰赭时，汉大宛北鄙也。”张祜《周员外席上观柘枝》诗云：“金丝蹙雾红衫薄，银蔓垂花紫带长。”《乐书・柘枝舞》也载：“柘枝舞童衣五色绣罗宽袍，胡帽银带。”可见，柘枝舞者在表演时，多着五彩罗衫，特别是紫衫，束垂花带珠翠，帽转金铃，十分华贵。这与胡旋舞、胡腾舞的服饰有极大的差别。起初，柘枝舞是女子独舞，礼泉县唐昭陵陵园出土了一块剔地浅浮雕胡人舞蹈纹玉铊尾，其上所雕胡人左手甩于身后，右手扬起，扭腰摆臀，右脚抬起（图 1-40）。在中原广泛流传后，出现了专门表演此舞的“柘枝伎”，并发展为二人对舞，即“双柘枝”的舞蹈形式。由两名女子身着胡服舞衣相对而舞，以鼓为节，舞女身穿轻、薄、飘逸、精美、艳丽的罗衫。

西安大雁塔内保存的《大唐三藏圣教序记碑》底，刻有一对舞者形象，左边舞人下部残缺，右边舞人左足立莲花上，右

图 1-40 唐昭陵出土柘枝舞白玉铊尾

足后勾，十指交叉，双臂前伸，拧头回顾，舞姿健美有力，特别是她头上所戴的帽子上，系有两条飘带，这一特殊装束在对拓枝舞表演的各种描述中多有反映，因此这一对舞者形象表现的应是拓枝舞（图 1-41）。

唐兴福寺残碑出土于明代万历年间西安南城壕，现存于西安碑林博物馆。碑刻于唐开元九年（721 年），其上有一对舞者形象。该碑

图 1-41 大唐三藏圣教序记碑底舞伎图

的两侧各减地浅刻一幅相似图案。图案上部为一只朱雀，中部为两名对舞者，下部为一人骑于狮背上，朱雀、舞者、狮子均站立于蔓枝所托的莲花上。据考证，对舞的二人所跳的便是柘枝舞（图 1-42）。

唐墓壁画中也有类似舞蹈，昭陵燕妃墓后室东壁北侧绘二

图 1–42 唐兴福寺残碑对舞图

女相对而舞，头梳大鬟髻，戴花冠，身穿红色广袖衫。南侧绘三个伎乐和一个旁观的宫女。伎乐均头梳大鬟髻，戴花冠，一人弹琵琶，一人吹洞箫，一人操箜篌。这种舞蹈形式与双人“柘枝舞”也极为相似。

就胡腾舞、胡旋舞、柘枝舞的特点来看，胡腾舞以腾踏跳跃为主，胡旋舞以高速旋转为主，柘枝舞则更讲究舞者华丽而特殊的装束。后期为了更加适应中国文化审美的要求，柘枝舞逐步从独舞演变成为“双柘舞”，甚至到宋代还演化出柘枝队舞。

三、质子入朝谨进趋——突骑施

突骑施是 7 ～ 8 世纪活跃在西域的一个西突厥部落，系突厥十姓部落之一，散居于伊犁河流域。7 世纪末，西突厥十姓无主。一代枭雄，时为突骑施酋长的乌质勒起兵，驱逐唐廷册封的可汗阿史那斛瑟罗，控制西突厥大部分领地，开元六年（718 年），突骑施可汗苏禄攻占唐朝西部重镇碎叶（今吉尔吉斯斯坦托克马克市附近），建立起突骑施汗国。时值大食军队不断向东扩张，唐王朝承认突骑施汗国政权，册封苏禄可汗为新的十姓可汗，称雄西域。唐政府为笼络突骑施汗国巩固边防，还把同属于突厥人的阿史那怀道女封为交河公主嫁与苏禄。历史上，突骑施曾两次抵御大食的东侵，客观上充当了唐朝和大食之间的屏障。苏禄死后，突骑施内部发生对立，开元二十七年（739 年），唐朝出兵平息突骑施内乱，西突厥十姓纷纷请求内属唐廷，突骑施汗国灭

图 1-43
乾陵蕃臣像中的“右威卫将军兼洁山都督突骑施傍勒”像

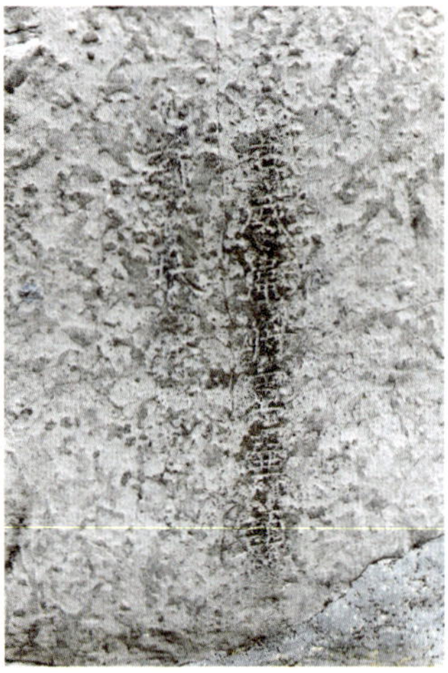

图 1-44
突骑施傍勒像背后刻字

亡。突骑施在兴起的短短几十年中，得到唐朝政府的承认和册封，先后遣质子入朝，现在乾陵北司马门的六十一蕃臣像中，还有“右威卫将军兼洁山都督突骑施傍勒”像立于斯处（图 1-43）（图 1-44）。

2011 年 10 月，西安市文物保护考古所在西安西郊南村配合博大科技综合办公楼基建过程中清理隋唐墓葬 18 座，其中 6 号墓出土墓志一方，据其记载，此墓葬为唐代突骑施奉德可汗王子之墓[1]（图 1-45）。

出土墓志盝形顶盖上镌刻“唐故突骑施王子志铭”，四侧边饰连续“回”字形云纹。志文共 15 行，满行 17 字，魏体楷书，笔体苍劲。墓志开篇首题：“大唐故交河公主孙、突骑施奉德可汗王子光绪墓志铭并序”，墓志中载“永泰元年二月日突骑施质子光绪卒，诏下有司官给葬备，以永泰二年十月十六日窆于长安县承平原，典也。突骑施盖乌孙之后，自西汉以来与中国通为婚姻之旧，皇家抚柔殊俗，亦以交河公主降焉，光绪即公主之孙、奉德可汗之子”。

[1] 西安市文物保护考古研究所：《西安西郊唐突骑施奉德可汗王子墓发掘简报》，《文物》2013 年第 8 期。

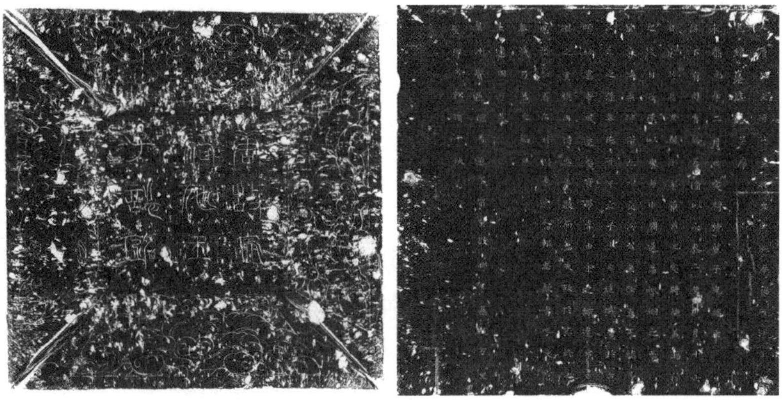

图 1-45 突骑施奉德可汗王子墓志拓片

墓志内容很短，但包含信息很多。突骑施王子“光绪”，墓志中称其“缅慕华风，遂袭冠带”，是作为质子来到唐朝的。唐代纳质制度早在高祖年间就已出现，太宗、玄宗时期最多。唐朝廷在对四夷质子的管理方面既立有明确的礼仪制度，也建有相应的执行和监督机构。质子在唐的一切活动都有章可循，有专门的中央和地方机构为其提供食宿，有些质子在唐还有自己的宅邸。一般来说，唐朝廷对于四夷来华的质子比较优待，质子的生活环境也较为宽松，许多流寓长安的质子为外来文明的传播和中外文化交流做出了积极的贡献。

墓志主人的祖母交河公主在史书中有载。《旧唐书》云：“苏禄者，突骑施别种也。颇善绥抚，十姓部落渐归附之，众二十万，遂雄西域之地，寻遣使来朝。开元三年，制授苏禄为左羽林军大将军、金方道经略大使，进为特勤，遣侍御史解忠顺赍玺书册立为忠顺可汗。自是每年遣使朝献，上乃立史怀道女为金河公主以妻之。”《新唐书》载：“突骑施别种车鼻施啜苏禄者，……帝以阿史那怀道女为交河公主妻之。”结合墓志内容，《旧唐书》中所载“金河公主”应当就是苏禄的妻子“交河公主”，也就是阿史那怀道的女儿，墓志主人的祖母。可以推知，志主光绪是突骑施可汗苏禄的孙子，作为质子居于长安。墓志中没有记载光绪的生年，只记载他卒于永泰元年（765 年）。根据史书记载，苏禄可汗生于公元 717 年，而光绪是苏禄可汗的孙子，大概可推知他卒时的年龄至多不过十几岁。至于其死后一年多方才下葬，或与民族习惯或者当时的民族政策有关。

四、大夏康居产富饶——吐火罗

吐火罗是历史悠久的中亚古国，其范围大约在今天的阿富汗北部阿姆河上游一带。唐朝之前，这一地区称为大夏，唐朝开始称作吐火罗。历史上，吐火罗曾经相继受波斯帝国、亚历山大帝国、希腊巴克特里亚王国、萨喀人和大月氏王朝统治。《新唐书·西域传》载：“吐火罗，或曰土豁罗，曰睹货逻，元魏谓吐呼罗者。居葱岭西，乌浒河之南，古大夏地。与挹怛杂处。胜兵十万。……其王号‘叶护’。武德、贞观时再入献。……神龙元年，王那都泥利遣弟仆罗入朝，留宿卫。开元、天宝间……乃册其君骨咄禄顿达度为吐火罗叶护、挹怛王。其后，邻胡羯师谋引吐蕃攻吐火罗，……帝为出师破之。”吐火罗与中原地区一直保持着朝贡关系，显庆二年（657 年），唐朝平定西突厥阿史那贺鲁之乱。两年后吐火罗摆脱西突厥控制独立建国，与唐王朝的关系更为密切。按照《新唐书》的记载，吐火罗曾向唐朝纳质，进贡，唐朝也曾对吐火罗叶护进行册封。现在乾陵朱雀门的六十一蕃臣像中，就有“吐火罗王子特勒羯达健”像在内（图 1-46）（图 1-47）。

图 1–46
乾陵蕃臣像 中的“吐火罗王子特勒羯达健”像

2010 年 3 月，延安市城南虎头峁出

图 1–47
吐火罗王子像背后刻字

土唐罗何含墓志一合，现藏于延安市文物研究所。志盖覆斗形，篆书阴刻“大唐故罗府君墓志铭”九个字。根据墓志首题，罗何含系唐代左神策延州防御安塞军都虞侯兼教练使，志文载：“公讳何含，字敬之，其先颛顼之苗裔也，后分枝于酒泉，今则吐火罗国王之密属也。祖祁斯，皇火罗国大首领、监门卫大将军、酒泉郡王、食邑二千户。父殷，皇河中节度先锋兵马使、金紫光禄大夫、检校太子宾客、上柱国。……公则宾客之第二子也”。从墓志记载可明确得知，墓主人罗何含乃是流寓中国，并在唐朝任职的吐火罗人后裔。其祖父祁斯，是“火罗国大首领”，受封“监门卫大将军、酒泉郡王”，是“吐火罗国王之密属也”，从这一身份记载推断，墓主人的祖父或为吐火罗派往唐王朝的使者，后留在唐朝充作宿卫[1]。按照《旧唐书·肃宗本纪》载：“（乾元元年）秋七月辛未朔，吐火罗叶护乌利多并九国首领来朝，助国讨贼，上令赴朔方行营。”乾元元年为公元 758 年，正值安史之乱，唐朝廷曾征召西域边兵和西域各国军队平叛。吐火罗也曾带兵来朝。墓主人祖父或为这一时候来到中土。从其受封“酒泉郡王”一事来看，也应当有一定的地位（图 1-48）。

墓志记叙了吐火罗王族祁斯祖孙三代为唐王朝宿卫禁廷、戍边守土、和合蕃汉以至爵封郡王、勋晋柱国的功绩，并详细记载了罗何含历官、婚姻、子孙状况，是研究唐朝与吐火罗关系时不可多得的史料。

【大月氏】

月氏（rou zhi）是公元前 2 世纪以前居住在中国西北部、后迁徙到中亚地区的游牧部族。公元前 2 世纪为匈奴所败，西迁伊犁河、楚河一带，后又败于乌孙，遂西击大夏，占领妫水（阿姆河）两岸，建立大月氏王国。大月氏立国后，因占据贸易中转站而变得繁荣。汉朝时，张骞出使西域，起源便是为了联合大月氏共同对抗匈奴。

[1] 段志凌：《陕西延安新出土唐吐火罗人罗何含墓志》，《文物》2014 第 8 期。

图 1-48 唐罗何含墓志拓片

五、佛国笙歌两度来——罽宾

罽（jì）宾为古代中亚内陆地区古国，其范围大约在今天的阿富汗东部喀布尔河中下游一带和巴勒斯坦北部，或包括部分克什米尔地区。《汉书·西域传》载：“罽宾国，王治循鲜城，去长安万二千二百里。不属都护。户口胜兵多，大国也。东北至都护治所六千八百四十里，东至乌禾王国二千二百五十里，东北至难兜国九日行，西北与大月氏、西南与乌弋山离接。”公元前 2 世纪前后，来自中亚地区的塞种一支越过兴都库什山，占领喀布尔河流域，建都于脩鲜城（在今斯利那加附近），即是汉代的罽宾。《汉书》中也记载：“昔匈奴破大月氏，大月氏西君大夏，而塞王南君罽宾。塞种分散，往往为数国。自疏勒以西北，休循、捐毒之属，皆故塞种也。”中国与罽宾建立关系始于汉武帝。公元前 115 年，张骞出使乌孙，派副使至罽宾。公元 1 ～ 3 世纪左右，罽宾曾一度被强大的贵霜帝国征服，逐渐发展为佛教中心之一。

林梅村先生认为，罽宾国就是古印度十六国之一的犍陀罗。也有不少学者认为，罽宾是印度西北的迦湿弥罗，约为现在的克什米尔地区。汉晋时期来华的西域僧人，大多来自罽宾，这一时期的中国高僧也大多到罽宾求法。东晋南北朝时期，按照记载，先后有13名罽宾僧人来华，超过半数在关中长安地区活动。后秦在长安译经的弗若多罗、佛陀耶舍和昙摩耶舍等西域高僧，皆来自罽宾。

公元4世纪中叶，罽宾王朝在卡菲里斯坦重建。这一王朝至少存在到公元7世纪末，约从中国的晋朝延续至唐代前期。南北朝时，罽宾便同中国来往密切，《魏书·西域列传》载："罽宾国，都善见城，在波路西南，去代一万四千二百里。……每使朝献"。仅《魏书》中，便记载罽宾遣使朝贡六次之多。《新唐书·西域列传》中也载："罽宾，隋漕国也，居葱岭南，距京师万二千里而赢，南距舍卫三千里。王居脩鲜城，常役属大月氏。地暑湿，人乘象，俗治浮屠法。"唐显庆三年（658年），罽宾王称臣于唐，唐以其地置脩鲜都督府。8世纪初，突厥攻杀罽宾王而夺其位，此后的罽宾即突厥族罽宾王朝。到乾元元年（758年），罽宾仍遣使朝贡于唐，此后遂绝。

（一）东向教化来罽宾——李诞

2005年9月，西安市文物保护考古所在西安北郊南康村清理了一座北周时期婆罗门后裔墓葬，墓内出土墓志一合，石棺一具。墓主人姓李名诞，字陁娑，"陁娑"是印度和中亚一带的人名常用字，墓志载李诞为赵国平棘（今河北赵县）人，生平无官职，死后被诏赠为邯州（今陕西彬县）刺史。志文载墓主李诞"正光中自罽宾归阙"，正光为北魏孝明帝年号，时间为公元520～525年，李诞应是来到中土后的中文名字（图1-49）。

李诞为婆罗门后裔，但却是自罽宾而来。墓志文记载李诞"祖冯何，世为民酋。考傍期，不颓宗基"，说明其祖父辈并非生活

【贵霜】

贵霜，古国名，都城在高附（今阿富汗的喀布尔）。公元前1世纪初，大月氏征服阿姆河南的大夏，部族一分为五，设五部翕侯统治。至公元初年，五部翕侯中贵霜独大，统一五部，建立贵霜帝国。贵霜帝国鼎盛时期，其疆域从今日的塔吉克斯坦绵延至里海、包括阿富汗及印度河流域，拥有500万人口，被认为是当时欧亚四大强国之一，与汉朝、罗马、安息并列。233年，萨珊王阿尔达希尔一世率军攻克锡斯坦，并给予贵霜致命打击。公元425年，贵霜帝国为嚈哒所灭。

于中原，并且可能是某个部落首领。

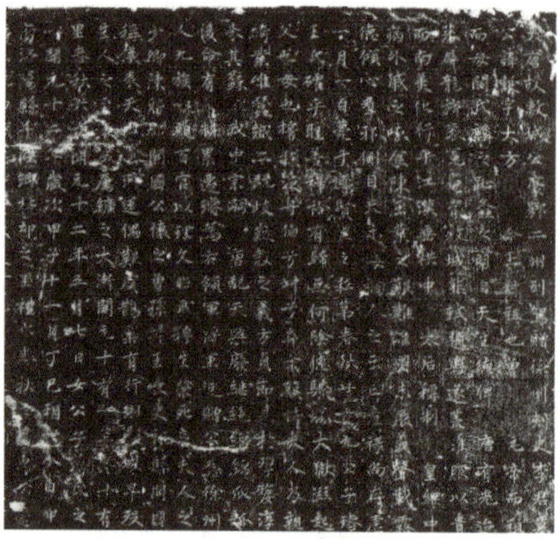

图 1-49 李诞墓志

李诞墓出土的石棺左侧帮板中间线刻一龙，右侧帮板中间线刻一虎，周围布满祥云纹。石棺前挡板门额之下，紧靠门两侧各有一门柱，门柱两侧各立一守护神，其形象与婆罗门像有相似之处，或与婆罗门教有关（图 1-50）。

图 1-50 李诞墓石棺前挡板线刻图

李诞墓既是目前国内第一座墓志中明确记载罽宾国的墓葬，也是首次发现的婆罗门后裔墓葬。其墓葬所在地同前文所提到的粟特人安伽墓、康业墓、史君墓地处同一区域。李诞墓的发掘证明西安北郊一带不仅仅可能是北周时期粟特人的墓地，而且可能是旅居中国外来人的墓地所在[1]。

（二）石塔尚传藏舍利——鸠摩罗什

鸠摩罗什，后秦僧人、译经家。生于龟兹（今新疆库车），其父鸠摩罗炎是从天竺（印度北部）逃亡到西域的贵族后裔，

[1] 程林泉、张小丽、张翔宇：《谈谈对北周李诞墓的几点认识》，《中国文物报》2005 年 10 月 21 日第 7 版。

其母是龟兹王的妹妹。鸠摩罗什七岁随母出家，少时开始学习原始经典《阿毗达磨大毗婆沙论》，日诵经千偈，每偈32字，凡三万二千言，时人誉为“神童”。九岁时，鸠摩罗什随母赴罽宾求法，从槃头达多诵读杂藏、阿含等经。12岁返回龟兹。前秦建元十八年（382年），苻坚遣大将吕光征伐焉耆，继而攻克龟兹，俘虏鸠摩罗什至凉州。后吕光割据凉州，鸠摩罗什被迫在凉州滞留达十六七年。弘治三年（401年），后秦文桓帝姚兴攻伐后凉，把鸠摩罗什迎请到了长安，以国师之礼相待，并在长安组织了大规模的译场，由鸠摩罗什主持译经。由于鸠摩罗什的到来，佛教在长安，或者说整个关中地区盛况空前。

佛教在两汉之交时传入中国，翻译佛经的活动始于汉末。但早期翻译的佛经不仅词语不规范，还晦涩难懂，许多重要的佛经并未被译成汉语。鸠摩罗什的梵文水平极高，他本人又来自龟兹，到过罽宾，还懂西域其他地区的一些语言，在凉州滞留期间还学会了汉语，这些丰富的经历对于佛经的翻译具有前人无可比拟的优势。他翻译的佛教经典，内容信实，文字流畅，在中国佛教译经史上具有划时代的意义。

鸠摩罗什的译经几乎触及佛教庞博经文的各个方面，对东亚佛教经典的贡献巨大。据中国现存最早的佛教文献目录《出三藏记集》记载，鸠摩罗什一生翻译三藏经论74部，凡384卷，包括《金刚般若波罗蜜经》、《佛说阿弥陀经》等重要经文。由于在翻译佛经和推动中外文化交流方面做出的杰出贡献，鸠摩罗什在我国佛教史和文化史上都占有一席之地，其成就为后人所称道和赞颂。

明人有诗咏鸠摩罗什译经道场，诗云：“忆昔神僧入杳冥，可怜龙象总雕零。空阶鸟迹和尘乱，坏壁蜗涎过雨腥。石塔尚传藏舍利，宝函犹自贮残经。相看独有圭峰在，还似当年佛首青”。“尚传藏舍利”的石塔现今仍立于陕西省户县东南圭峰山北麓的草堂寺内。草堂寺，又称圣恩寺、清凉建福院，是鸠摩罗什来长安时居留译经的处所，也是汉族地区佛教全国重点寺院之一（图1-51）。

图 1-51 陕西户县草堂寺

草堂寺今存佛教遗迹多处，其中的“姚秦三藏法师鸠摩罗什之舍利塔”（俗称“八宝玉石塔”）最负盛名。塔高约 2.33 米，八面 12 层，用大理石雕刻镶嵌而成。每层石色不同，有玉白、砖青、墨黑、乳黄、淡红、浅蓝、赭紫、深灰等八种颜色，所以又称“八宝玉石塔”。塔下层有浮雕的须弥山座，三层云台，蔓草花纹；中间为八角形亭阁塔身，刻出大门和直棂窗，屋脊形盖上有浮雕的圆珠顶，盖下有阴刻佛像、飞天，线条生动流畅，工艺精美。塔刹形制也独具风格，在简洁的刹座上，刻出巨大的似莲瓣形花叶，承托巨大的扁圆宝珠。专家认为，按其造型及纹饰推断，此塔当为唐代的遗物。2001 年，舍利塔被列为第五批全国重点文物保护单位（图 1-52）。

鸠摩罗什学自罽宾，传教于长安。其译经之举为中国佛教的发展带来了巨大的影响，也对中国以后多种文化领域的发展具有深远的意义。无论从哲学还是宗教层面，都对中国人的思维和信仰产生了重要的影响，使佛教成为与儒、道并存的一派文化洪流，成为中国传统文化不可或缺的一部分。

图 1-52 鸠摩罗什舍利塔

【贰】

南海商船来大食，西京祆寺源波斯

——西亚篇

地处亚、非、欧三洲交界处的西亚，扼守着丝绸之路上中亚以东的交通要道。这一地区的古代文明主要包括两河流域（幼发拉底河和底格里斯河）文明、古赫悌文明、苏美尔文明、古波斯文明、古亚述文明等。其中，两河流域的巴比伦文明，在世界文明史上占有举足轻重的地位。其后，波斯灭巴比伦后，在这块土地上建立起强盛而持久的帝国。而阿拉伯则是在伊斯兰教兴起后，发展壮大成为这块土地的统治者。波斯和阿拉伯作为不同时期西亚文明的代表，都同中国产生过长期而深入的交往。西亚的珠宝、香料、玻璃、金银器等器物，以及祆教、摩尼教、伊斯兰教等宗教文化，通过丝绸之路，源源不断地进入中国。

一、赤脚波斯入大唐——波斯

古波斯发源于今天的伊朗高原，其名称来自于一个叫帕斯（Pars）的地区。在希腊语中做“马夫”、“骑士”讲。直到1935年，欧洲人一直使用波斯来称呼这个地区和位于这一地区的国家。波斯人从萨珊王朝开始称呼自己的国家为“伊朗”，“伊朗”这个名称相对于“马夫”要显得优雅，因为“伊朗”是“富裕”、“贵人”的意思，也意为“雅利安人的家园”。从公元前6世纪开始，到公元651年，波斯先后经历了阿契美尼德王朝、安息王朝、萨珊王朝三个强盛帝国的更迭。

古老的中华文明同波斯进行过长期的交流和融合，在文明碰撞中不断吸纳、蜕变。早在战国时代，作为中华文明长期交流对象的古国伊朗，就曾对华夏文明的审美产生过深远的影响。

从地域上说，伊朗高原扼守着东西交通的必经要道，在丝绸之路上担当着枢纽和中转站的角色，东西方文明在这里交汇、传递、融合，形成了伊朗文化独有的外向的多姿色彩。对中国而言，遥远的伊朗，是连神话传说都很难到达的地方，神秘的古波斯，强大的安息帝国，绚烂多彩的萨珊王朝，你方唱罢我登场，在这片土地上演绎出一个个古老神秘的王国故事。

凭借连接亚、非、欧三大洲的地理优势，波斯在中西交流史上一直扮演着举足轻重的角色。从新石器时代开始，阿富汗北部的青金石就源源不断地通过伊朗输入美索不达米亚与地中海，形成了著名的青金石之路。来源于印度的蚀花石珠不仅北上传入中亚一带，而且大量地传入伊朗，然后再继续西传达到美索不达米亚与地中海地区（图 2-1）。

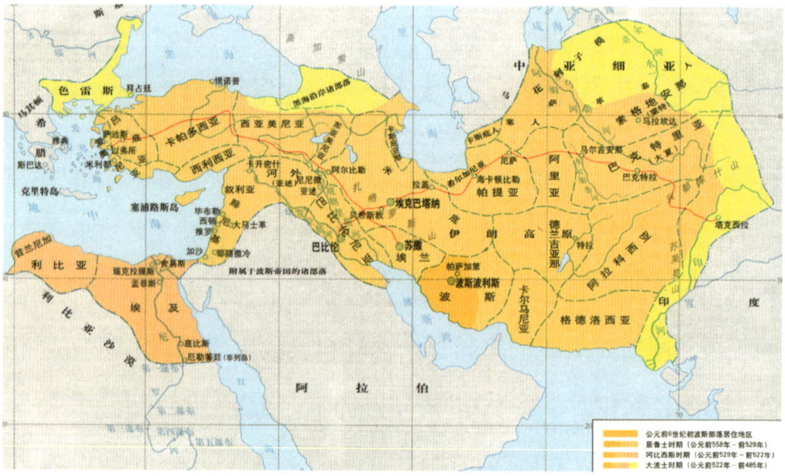

图 2–1 波斯帝国

（一）胡人高鼻动成群——来华波斯人

伊朗是联系中亚，印度、美索不达米亚平原以及地中海地区的中间枢纽，在这些地区间的经济文化交往中占有举足轻重的地位。公元前 4 世纪至公元前 2 世纪期间，雪花石、大理石、黑曜石、绿泥石、青金石、绿松石等都经由伊朗地区运往资源相对短缺的美索不达米亚，有的甚至进一步西传至地中海沿岸。

阿契美尼德王朝在公元前4世纪的亚历山大东征时败亡。公元前3世纪中叶，伊朗高原东北部的帕提亚（安息王朝）兴起，发展成为连接中亚和欧洲的大帝国。到了汉代，张骞第一次出使大月氏时，便已听说大月氏以西的安息。“其属大小数百城，地方数千里，最为大国。”“民商贾用车及船行旁国，或数千里。”公元前119年，张骞再次出使乌孙，到达乌孙之后，曾向中亚、西亚、南亚分别派遣使节和骆驼商队。出使安息的副使最后到达安息国首都番兜城。为保安全，安息王曾派大军二万骑出迎汉使。汉使返回时，安息也派出使节前往长安，向汉帝进献大鸟卵（鸵鸟卵）和眩人。此次出使是汉代和波斯的首次官方交往。此后遣使不断。《汉书·西域传》载：“武帝始遣使至安息，王令将将二万骑迎于东界。东界去王都数千里，行比至，过数十城，人民相属。因发使随汉使者来观汉地，以大鸟卵及黎轩眩人献于汉，天子大说。”《后汉书·西域传》载：“十三年，安息王满屈复献师子及条支大鸟，时谓之安息雀。”

前文提到的眩人，即黎轩眩人，《史记》中提到黎轩的位置：“安息西则条支，北有奄蔡、黎轩”。《汉书》则说伊朗南部的乌弋山离“西与黎轩、条支接”。关于犁轩的位置，学界众说纷纭，总的来看，大致位于两河流域。张骞出使西域时，方知道这个国家存在。唐杜佑《通典·边防》中说：“前汉武帝时，遣使至安息。安息献黎轩幻人二，皆蹙眉峭鼻，乱发拳鬓，长四尺五寸。”而“眩人”指魔术与杂技演员，擅长吞刀吐火、植瓜种树，屠人截马等特技，炫于长安。张衡《西京赋》中“吞刀吐火、云雾杳冥、画地成川，流渭通泾”，说的就是安息西亚一带魔术或杂技表演的节目。

自张骞出使西域以后，双方使节和商贾络绎不绝，西方各国的珠宝、香料、象牙、犀角由安息商人带入中国，中国的丝绸也

【安息王朝】

波斯历史上出现的帕提亚王朝（公元前247年～公元226年），也就是中国文献中称之为“安息”的地方。安息是在伊朗东北部形成的奴隶制大国，版图包括整个伊朗高原和两河流域，首都在底格里斯河东岸的泰西封（今伊拉克巴格达附近）。全盛时期的安息帝国疆域北达小亚细亚东南的幼发拉底河，东抵阿姆河，坐落在丝绸之路中转站上，是著名的商贸中心，与汉朝、罗马、贵霜并列，被认为是当时亚欧四大强国之一。文化上，它吸纳了包括古波斯、希腊等文化的艺术、建筑、宗教信仰。在美术、宗教、魔术、杂技、音乐等方面，对中国都产生过颇深的影响。

【萨珊王朝】

安息王朝末年，连年的对外用兵使得波斯族人渐生不满。226年，波斯公爵阿尔达希尔举兵独立，统一了伊朗高原和美索不达米亚，史称“萨珊王朝”（224～651年）。王朝的名称来源于阿尔达希尔的祖父萨珊。萨珊王朝是一个中央集权的君主国家，统治伊朗达400年之久。阿尔达希尔夺取政权时曾依靠祆教僧侣的支持，因此他即位后，祆教成为萨珊王朝的国教。但萨珊时期用文字记载的史书并未流传下来。如今，人们能见到的有限史料中，寓言、神话又占了很大的比例，这更为古老的伊朗帝国蒙上了一层神秘的面纱。因此，我们只有从考古发现和民间传说中，来领略这一文明古国的魅力。

由安息商人带往西方。同时，移居中国内地的伊朗人逐渐增长，比较有代表性的是汉代早期佛教高僧中出身安息的安清、安玄，便由于译经传教而名垂青史。安清，安息国王与王后之子，以才智出众而闻名西域，是一位具有传奇色彩的佛门大师、译经家。安玄，汉代译经家，安息国人，东汉灵帝末年至洛阳，以功拜骑都尉，故世称“都尉玄”，以弘法为己任，翻译经书，皆能巧尽微旨。此二人都是《高僧传》中有载的译经大师，也是早期移居中国的伊朗人。

224年，安息王朝被萨珊王朝取代。萨珊王朝大力宣扬波斯文化，大量商旅随之络绎东来。《北史·魏本纪》中载：“是岁，遮逸、波斯、疏勒等国各遣使朝贡。”从455年起，到达北魏的波斯使臣共有十几次之多。西魏时期，波斯王库思老一世曾遣人出使长安，在废帝二年（553年）抵达。

到了隋朝，隋炀帝派遣云骑尉李昱出使波斯，李昱归国时，带来了波斯王库思老二世的使者。《隋书·西域列传》载：“炀帝遣云骑尉李昱使通波斯，寻遣使随昱贡方物。”

“唐代流寓长安之西域人，大致不出四类：魏周以来入居中夏，华化虽久，其族姓犹皎然可寻者，一也。西域商胡逐利东来，二也。异教僧侣传道中土，三也。唐朝异族畏威，多遣子侄质于唐，入充侍卫，因而久居长安，如新罗质子金允夫入朝充质，留长安二十六年之久，即其一例，此中并有即留长安入籍为民者，四也[1]”。此四类人中，都留有波斯人的影子，但由于考古资料出土的偶然性，我们如今见到同陕西出土文物相关的有名有姓的波斯人，大多属于第一类。

7世纪初，阿拉伯人穆罕默德开创了伊斯兰教，他率领信徒

[1] 向达：《唐代长安与西域文明》，第6页，生活·读书·新知三联出版社，1957年版。

征服了整个阿拉伯半岛，建立了阿拉伯伊斯兰神权国家，中国文献中称为大食。632年，穆罕默德死后，他的继承人自称哈里发，首先攻占了地中海东岸东罗马的领地，接着向东进攻。而此时的萨珊，在经历了多年的穷兵黩武之后，国力虚弱，局势动荡，虽然在战争之初取得了小范围的胜利，但终究无法抵挡大食军队铁一般的冲击。接二连三的失败使波斯人退守到波斯东境，萨珊王朝濒临灭亡。波斯末王伊斯提泽德三世（伊嗣俟）于贞观十二年，遣使者献活褥蛇，意图向唐朝求援。《新唐书·波斯传》载："贞观十二年，遣使者没似半朝贡，又献活褥蛇，状类鼠，色正青，长九寸，能捕穴鼠。"但当时的大唐，注意力和精力全部放在对付西突厥上，无暇他顾。637年，大食攻占了萨珊都城泰西封（今巴格达附近）。萨珊王朝的伊斯提泽德三世逃向伊朗高原东部，然后逃到中亚粟特地区，652年被杀害于阿姆河附近木鹿城的一座磨坊之中。到此，统治波斯四个多世纪的萨珊王朝灭亡，波斯成为大食的一部分。在大食向东扩充的过程中，包括萨珊王室在内的大批波斯人和中亚的一部分粟特人被迫东逃，他们寄希望于唐朝王室出兵。751年，唐朝同大食在怛罗斯大战（见本书第三章），唐军大败，损失惨重，2万人的精锐部队几乎全军覆没，阵亡和被俘各自近半，只有千余人得以身还。而大食忙于平乱，对保住中亚心满意足，也未能进一步扩张。西亚和中亚局势已定。在唐朝和大食两大王朝夹缝中求生存的一部分萨珊人，越过葱岭，流亡到中国，并在中国定居下来。

7-8世纪以来，萨珊王朝虽已灭亡，但波斯的地方豪绅以及部分萨珊王室仍然在里海南岸的一些势力范围内保持独立或半独立的状态，抵抗阿拉伯的统治，力图复兴国家。这些政权同时以波斯的名义同唐朝进行往来，唐朝也曾册封其首领为"波斯都督"或"波斯王"。因此中国在萨珊灭亡之后的文献中，仍然能见到关于波斯的记载。如："开元七年正月，波斯国遣使贡石。……二月，波斯国遣使贡方物。……七月，波斯国遣使朝贡"（《册府元龟·卷九七一》）"开元十八年正月，波斯王子继忽娑来朝，献香药、犀牛等。波斯国王遣使来朝贺正"（《册府元龟·卷九七一》）"大历六年九月，波斯国遣使献真珠、琥珀等"（《册府元龟·卷九七二》）"庚申，至自兴泰宫。波斯国遣使献狮子"（《旧唐书·玄宗本纪》）。直到771年为止，这些独立或半独立的政权，仍在以波斯的各种名义同唐朝来往。

只言片语，很难将波斯1000多年的历史勾勒明晰。其同中国经济文化交流的盛况，可从出土文物上一窥面貌。目前陕西出土同波斯人有关的遗物，大多集中在北朝和隋唐时期。

1. 安元寿墓志

安元寿墓在陕西礼泉县赵镇新寨村东南约1公里处，北距唐太宗昭陵所在的九嵕山主峰约8公里，1972年12月至次年1月，昭陵文管所为配合公路修筑和农田水利建设，对该墓进行了清理。出土墓志一方，对安元寿的族属、家世、生平、历官均有详细记载（图2-2）。

根据墓志记载，安元寿曾祖弼，祖罗，父兴贵。凉州姑臧人。姑臧即今甘肃武威。凉州安氏，本出于西域。墓志中有"妫水导源，凉土开国"之说，《元和姓纂》载：凉州安氏"出自安国，汉代遣子朝国，居凉土"。从此处看，凉州安氏似乎是粟特安国人。但经过进一步考证，可发现《新唐书》卷七五下《宰相世系表》中载："武威李氏，本安氏，出自姬姓。黄帝生昌意，昌意次子安，

图2-2 安元寿墓志拓片

居于西方，自号安息国。后汉末，遣子世高入朝，因居洛阳。晋、魏间，家于安定，后徙辽左以避乱。又徙武威。后魏有难陀，孙婆罗，周、隋间，居凉州武威为萨宝。生兴贵、修仁。至抱玉赐姓李”。这里提到了李抱玉其人，我们可以在《旧唐书》找到他的传记：“李抱玉，武德功臣安兴贵之裔。代居河西，……代宗即位，……迁兵部尚书。抱玉上言：‘臣贯属凉州，本姓安氏，以禄山构祸，耻与同姓，去至德二年五月，蒙恩赐姓李氏，今请割贯属京兆府长安县。’许之，因是举宗并赐国姓”。联系《宰相世系表》和《李抱玉传》的记载，可知凉州安氏本为安息人之后，从而可推知，安元寿亦是安息人后裔无疑。

安元寿的父亲安兴贵以平息李轨之乱有功，诏封右武侯大将军，凉国公。从墓志内容可知，安元寿本人也曾参与了玄武门事变。太宗即位后，对安元寿“爵禄攸设，先酬擐甲之劳；赏命所加，用答披荆之绩。特拜公右千牛备身”。后屡升迁。死后陪葬昭陵[1]。安元寿父亲安兴贵的玄孙李抱玉则为唐朝镇守西部要害，抵御吐蕃入侵，深受唐代宗的恩宠，官至河西陇右副元帅、同中书门下平章事。可见，身为安息后裔的安元寿家族在唐朝屡被恩宠，地位显达。

自汉末至唐光宅年间，安氏约历500年之久，又经历了从南北朝到隋这一胡汉各族同化的历史阶段，汉化程度较高。安元寿墓志的出土，是安息同中国交往深入的有力证明。

2. 李元谅墓志

潼关县城郊乡管南村1967年平整土地时，发现一块唐代墓志，后被潼关县文管办收藏。志盖篆书“大唐故尚书左仆射赠司空李公墓志铭”。志主姓李，名元谅，墓志首题“唐故华洲潼关

[1] 陈志谦：《安元寿及夫人翟氏墓志考述》，《文博》1989年第2期。

镇国军陇右节度支度营田观察处置临洮等使开府仪同三司检校尚书左仆射兼华州刺史御史大夫武康郡王赠司空李公墓志铭并序”，志文记载“公本安姓，讳元光，其先安息王之胄也。轩辕氏二十五子在四裔者，此其一焉。立国传祚，历祀绵远，及归中土，犹宅西垂，家于凉州，代为著姓”[1]。翻开史书，《旧唐书·李元谅传》也称：“李元谅，本骆元光，姓安氏，其先安息人也。少为宦官骆奉先所养，冒姓骆氏。……贞元三年，……帝念其勋劳，又赐姓李氏，改名元谅”。可见，李元谅本为安息人，以国为氏，后赐姓李。而李元谅同安元寿一样，出身于凉州安氏（图 2-3）。

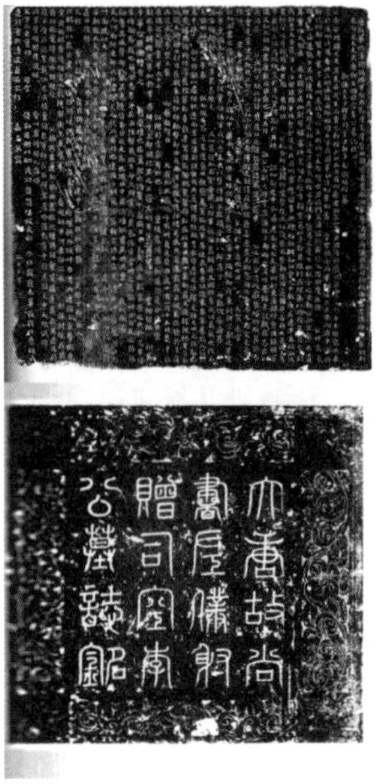

图 2-3
李元谅墓志及墓志盖拓片

按照墓志和史料记载，李元谅在唐为官，官至华州刺史兼镇国军节度使，在平定“朱泚之乱”时屡立战功。现有“李元谅碑”立于陕西华县华州镇新华路东段北侧县政府门前，系贞元五年（789 年）李元谅离华州时，当地百姓奏请德宗所立。李元谅曾任陇右节度使，现在甘肃省崇信县城西北梁坡村的半山坡上，还有武康郡王李元谅墓。但根据《李元谅墓志》中“祔葬于华阴县潼乡原之新茔”的记载，李元谅埋葬地应在陕西，甘肃崇信的武康郡王墓，或为当地百姓为怀念李元谅所立。

3. 李素墓志

1980 年 1 月，西安市西北国棉四厂在其职工子校操场基建

[1] 陕西省文物局文物鉴定组等：《唐李元谅墓志及其相关问题》，《文博》1998 年第 2 期。

施工中，钻探出多座古墓葬，陕西省考古研究所前往清理了其中三座唐墓，其中编号为M2的墓葬出土墓志一方，盖题“唐陇西郡李文贞墓志”（图2-4）。编号为M3的墓葬也出土墓志一方，盖题“唐陇西郡卑失氏墓志”（图2-5）[1]，从墓志记载可知，M2的墓主姓李名素，M3的墓主卑失氏为李素之妻。北京大学荣新江教授对这两方墓志做了详细的考析。

图2-4 李素墓志拓片

图2-5 李素夫人卑失氏墓志拓片

《李素墓志》开篇便提出：“公讳素，字文贞，西国波斯人也。……公则本国王之甥也，……祖益初，天宝中，衔自君命，来通国好，承我帝泽，纳充质子，止卫中国，列在戎行。……特赐姓李，封陇西郡，因以得姓也。父志皇，任朝散大夫守广州别驾上柱国。公即别驾之长子也。”按照志文的说法，李素是波斯人，并且是波斯王的外甥。天宝年间，其祖父来中国出使，因充质子，授右武卫将军，宿卫长安。天宝年间，波斯虽已被阿拉伯所灭，但仍有残留的一些政权以波斯的名义同唐朝进行着来往，从唐初以来，唐朝把大量的外国质子和滞留不归的使臣隶属于中央的十六卫大将军管辖，宿卫京师，李素的祖父大概就是这类情况。

[1] 陕西省考古研究所：《西安东郊三座唐墓清理记》，《考古与文物》1981年第2期。

墓志云："公天假秀气，涧生奇质，得裨灶之天文，究巫咸之艺业。握算枢密，审量权衡，四时不愆，二仪无忒。"说明李素在天文历算方面有着特别的才能，因此被召到京师，任司天台的官员。学者认为，李素所学的天文历算之学，并非中国传统的一套，而是波斯景教继承了阿拉伯和叙利亚地区传来的希腊文化中的天文学，并东传到长安，[1] 李素被征召入京，历代、德、顺、宪四朝皇帝，最终以"行司天监兼晋州长史翰林待诏"的身份，于元和十二年（817 年）去世。李素墓志的出土，结合历史记载，反映出唐朝同波斯在天文历学方面的交流和相互学习。

"大历中，特奉诏旨，追赴阙庭，考试既多，人莫能测。……蒙敕赐妻王氏，封太原郡夫人。"按照墓志记载，李素先娶王氏，这里的王氏不知和著名的太原王氏是否有关。王氏生三子一女，长子早亡，次子景侁，三子景伏，王氏去世后，又娶卑失氏，生四子二女，长子景亮，次子景弘，三子景文，四子景度。皆在唐朝任职，李素一家在唐朝生活了数十年，李氏诸子也在唐朝为官任职，逐渐汉化。学者认为，在李素诸子的名字中，都有一个至堪注意的"景"字，这固然是按照汉人的排行方式来起名，但选用"景"字而不用其他，似非偶然。"景"字是景教最常用的字，以《大秦景教流行碑》的记载为例，"教称景教；教会称景门；教堂称景寺；教主曰景尊，又曰景日；教规曰景法；其传播曰景风"。当时长安的景教徒大多为波斯人，李素诸子以"景"命名，或许暗示这个家族有着景教信仰[2]。（关于景教和《大秦景教流行碑》，请参看本书欧洲篇）

---

[1] 荣新江：《一个入仕唐朝的波斯景教家族》，《伊朗学在中国论文集》（第二集），第 85 页，北京大学出版社，1993 年版。

[2] 荣新江：《一个入仕唐朝的波斯景教家族》，《伊朗学在中国论文集（第二集）》，第 88 页，北京大学出版社，1993 年版。

4. 萨珊王子卑路斯

前来唐朝的波斯人中，最为显贵的人物是波斯王伊嗣俟三世的儿子，萨珊王族后裔卑路斯。根据《旧唐书》记载，阿拉伯人在入侵波斯时，卑路斯的父亲提泽德三世于公元638、639年以及647、648年分别向唐朝请求提供军事援助，但都被唐太宗拒绝。公元651年，提泽德三世被杀。卑路斯则沿着丝绸之路一路东逃到吐火罗（大致区域为今天的阿富汗和巴基斯坦北部），受到当地部落酋长保护。卑路斯意欲东山再起，于654年遣使向唐朝求援，唐高宗以路途太远为由，拒绝出兵。661年，卑路斯再次遣使向唐朝求援，唐高宗派特使王名远入西域中亚，成立波斯都督府，设于今日阿富汗境内，立卑路斯为当地都督。662年，唐册封卑路斯为波斯王。后在大食军队的不断威逼下，卑路斯沿着丝绸之路东逃，最终于675年初抵达长安。唐高宗授予他右威卫将军，又专门为他在长安城内修建了一座拜火寺。《旧唐书·高宗本纪》中载："辛卯，波斯王卑路斯来朝。"即是此事。

677年，卑路斯卒于长安。其子泥涅师（一说泥涅师师）承袭"波斯王"称号。调露元年（679年），唐高宗派吏部侍郎裴行俭率兵护送泥涅师返回波斯，裴行俭只护送至安西碎叶城，另行派人护送泥涅师到锡斯坦。《旧唐书·裴行俭列传》中所载"三年，吐蕃背叛，诏行俭为洮州道左二军总管，寻又为秦州镇抚右军总管，并受元帅周王节度。仪凤二年，十姓可汗阿史那匐延都支及李遮匐扇动蕃落，侵逼安西，连和吐蕃，议者欲发兵讨之。行俭建议曰：'吐蕃叛换，干戈未息，敬玄、审礼，失律丧元，安可更为西方生事？今波斯王身没，其子泥涅师师充质在京，望差使往波斯册立，即路由二蕃部落，便宜从事，必可有功。'高宗从之。因命行俭册送波斯王，仍为安抚大食使。"即是此事。泥涅师在吐火罗召集了数千追随者，力图复国，但终未成气候。

707年逃回长安，被唐朝廷封为左威卫将军，最终像他的父亲一样客死于长安。如今唐高宗乾陵朱雀门外的东西两侧的六十一蕃臣像中，仍立有“骁卫大将军兼波斯都督波斯王卑路斯”的石像。这位不幸的末代国王之子，将最后的遗憾留在长安的同时，也留下了一大批追随而来的波斯人（图2-6）。

图2-6 乾陵六十一蕃臣像

（二）离家都为利名牵——波斯钱币与中伊贸易

丝绸之路上，西亚、中东地区的通用货币有两种：其一为东罗马金币，其二为萨珊波斯的银币。萨珊银币的通行是波斯人商业活动频繁的有力物证。

欧洲、西亚和东方大国对奢侈品的需求，以及官方对外政策的制定，是推动其对外交往与贸易的动力。而拜占廷金币和萨珊银币的流入与传播则是大国商业和政治目的的物化象征与载体。“拜占廷金币被有规模地带入显然是正常贸易的结果，这种贸易持续了相当长的时间，来到中国之后，贵金属金币只有大量存在的同时才能作为通货使用。”《隋书·食货志》也记载：“河西诸郡，或用西域金、银之钱，而官不禁。”

波斯铸币最早是从吕底亚传来的，有着悠久历史。大流士一世时，曾铸造名为“大流克”的钱币，其上铸有他的肖像。萨珊王朝从公元226年建国到公元651年灭亡，前后立国425年。从第一代国王开始，便打制萨珊式银币。这种银币正面为国王右侧面半身像，国王的名字和称号用中古波斯巴拉维文刻于靠近边缘的地方，而且，每一位统治者都有自己富有个性化的王冠。背面为燃烧着熊熊火焰的波斯祆教祭坛，象征着他们的宗教信仰。银币用希腊货币单位德拉克马，每枚平均重量4克左右。

根据萨珊银币在中国的分布，有学者曾经画出一条萨珊银币的陆上传入线路，即自西向东沿丝绸之路，从新疆的乌洽开始，沿库车、焉耆、吐鲁番、张掖、西宁、临夏（兰州附近）、天水，到达西安。陕西所出土的波斯银币大多分布在长安、耀县一带，这些地区的萨珊银币也主要来自于长安。虽然有学者认为，波斯银币在中国境内，主要作用是收藏而非流通，但大量银币的出土，也可视为波斯同中国贸易频繁的有力证据和丝绸之路熙攘繁华的象征。

1. 陕西出土的波斯银币

①沙普尔二世银币

萨珊王朝的沙普尔二世银币在陕西共发现三枚，一枚出土于长安县古寺遗址，一枚出土于西安东郊，一枚出土于泾阳县泾河滩。

2005年8月中旬，泾阳县农民在县城南边的泾河滩挖沙时，挖出一批古钱币，其中一枚经过比对，被认出是波斯萨珊朝沙普尔二世的银币。泾河滩出土的这枚沙普尔二世银币直径23毫米，边厚 1.1 毫米，重 3.8 克[1]。正面是半身的王者像，脸向右，王冠前后有雉形装饰，冠顶为大发髻，冠后有绦带末端的两条飘带。冠下脸后有 12 枚联珠。耳下悬挂有一珠或二珠的耳珰。颈部绕璎珞一匝，又有璎珞由两肩斜垂至胸前。银币正面有婆罗钵字母铭文，外周缘有联珠组成的外框。这些特征和《隋书·西域记》中“波斯王著金花冠，坐金师子座，傅金屑于须以上为饰，衣锦袍，加缨珞于其上”的描写是较为相似的。银币背面中央是波斯国教——琐罗亚斯德教的祭坛。祭坛两侧各有祭司一人，手臂弯曲。坛上左侧有一星纹。火焰中有袄教信奉的“光明之神”阿胡拉·马兹达半身像。中心柱上有由上而下的婆罗钵文一行，文字模糊不清，已无法释读。银币背面外缘亦有一圈联珠纹。

沙普尔二世（309 ～ 379 年在位）是萨珊王朝最杰出的政治家和军事家之一。他采取一系列积极的内外政策，使波斯成为当时最具威权的国家。在位期间，他对东方的贵霜帝国等中亚国家用兵，将东北边境线推进到新疆塔里木盆地南缘，中国新疆的喀什曾一度成为波斯萨珊帝国疆域内最东北角的城市。在西方，沙普尔二世同罗马帝国两次开战，最终确立了萨珊在中亚的霸主地位。沙普尔二世钱币铸行于公元 309 ～ 379 年，这一时期，是苻坚统一北方建立前秦政权的时期，前秦开始于公元 351 年，定都长安，不仅征服了龟兹、焉耆，而且多次遣使前往西域各地，史书中多次提到这一时期波斯同中国的交往。

②卑路斯一世银币

卑路斯一世银币在陕西现存四枚，其中西安李静训墓出土一枚，耀县寺坪隋代舍利塔出土一枚，陕西紫阳县征集一枚，西安张家坡隋墓出土一枚。

---

[1] 林文君、周延龄:《陕西泾阳县泾河滩出土沙卜尔二世银币》,《西安金融》2006 年第 1 期。

卑路斯一世银币是在中国境内发现较多的萨珊银币。以耀县照金公社寺坪隋舍利塔出土的卑路斯一世银币为例，银币正面在一周联珠纹内有卑路斯一世右侧像，冠顶部饰有新月托着一圆形物。银币背面中央为祭坛，祭坛上有火焰，其两侧分别有星、新月纹饰，二祭司分立两侧，头戴高冠[1]。

卑路斯（457年～484年在位）是萨珊王朝中最不幸的一位帝王。他有把国家治理好的抱负，可惜由于天灾人祸和他对嚈哒的战争，不但没有振兴王朝反而使整个国家中衰，几乎遭到灭亡的命运。他是萨珊王朝第十七位皇帝。他即位后，于公元461年对嚈哒发动了第一次战争，战败被俘。在付出了巨大的赎金，并把儿子卡瓦德一世留在嚈哒作为人质后，他才被释放回国。公元467年，卑路斯发动了第二次对嚈哒汗国的战争，但又被击败，被迫将塔里寒城割让给嚈哒。卑路斯第三次对嚈哒汗国的战争在484年，这次他在战役中中伏，本人和几个儿子都在阵前死难[2]。

③卡瓦德一世银币

陕西耀县寺坪隋舍利塔曾出土一枚卡瓦德一世银币。1969年4月，陕西耀县照金公社寺坪队社员在村中平整土地时，于距地面深两米处发现一座舍利塔基，内有置放塔铭的石函。石函的四周及盖上均有长条形或方形的护石包裹，周围砌有砖墙。石函高119厘米，长、宽各103厘米。盖面篆书“大隋皇帝舍利宝塔铭”九字。函盖的侧面有线刻的飞天、花草；塔铭纪年为仁寿四年四月八日。在塔铭下的函洞内，放有涂金盝顶铜盒一件，内装三枚波斯萨珊朝银币，以及骨灰、舍利子等[3]。

此枚卡瓦德一世银币正面王者像所戴王冠后部有雉堞形饰

【沙普尔二世】

沙普尔二世是波斯历史上一个传奇的人物，他是世界史上极为罕见的“胎儿国王”。他父亲霍尔米兹二世309年去世的时候，他尚在母腹之中。他有三个哥哥，但因各种原因都失去了继位的权利。于是，贵族们都将希望寄托在王后隆起的肚子上。波斯的祭司通过一种神秘的仪式确认了王后腹中的胎儿为男性，可以继承王位。于是，胎儿沙普尔被确立为波斯国王。册立之时，他的母亲躺在御床上，群臣跪在御床的四周向他致敬。

[1] 姜宝莲、袁林：《陕西发现外国金银币述略》，《新疆钱币》2004年第3期。

[2] 杜维善：《萨珊王朝卑路斯银币之型式》，《中国钱币》2001年第4期。

[3] 朱捷元、秦波：《陕西长安和耀县发现的波斯萨珊朝银币》，《考古》1974年第2期。

【嚈哒】

嚈哒，古代中亚游牧部族，即西方历史上所谓“白匈奴”。嚈哒人起源于塞北，是中亚塞种人游牧民族与汉代大月氏人的后裔，4世纪70年代初，越阿尔泰山西迁粟特，5～6世纪一再侵入波斯和印度。558～567年间，萨珊波斯与北亚新兴的游牧部族突厥联姻结盟，夹击嚈哒。嚈哒国破，领土被分割，部众散处中、南、北亚各地。嚈哒国婚姻形式实行一妻多夫，是以女性为主宰的母系氏族体系，被誉为“女儿国”。

物，冠顶和前部各有一个新月，冠顶的新月上有一圆球。圆框外的左右两侧及下方有新月或新月抱星。银币的中部和外框四周均有穿孔，可能是后人所为。

卡瓦德一世（488～531年在位）是卑路斯一世之子。十岁岁时曾被送往嚈哒汗廷为质，484年，卑路斯一世付清对嚈哒的战争赔款，将卡瓦德一世赎回萨珊。卑路斯一世死后，卡瓦德的叔父巴拉什被拥立。卡瓦德向嚈哒借兵夺回王位后，为增强王权，在萨珊波斯利用马兹达克运动推行改革，改革最后失败，但对波斯的种姓制度造成重大打击。他去世后，给他的继承人留下一个大贵族大祭司权利受到削弱、王权具有压倒性优势的国家，为后续的行政改革提供了良好的条件。在他之后，萨珊曾出现一度的黄金时期。

④库思老一世银币

陕西耀县寺坪隋代舍利塔内也曾出土一枚库思老一世银币。这一银币铸于公元543年，银币正面的一周联珠纹内有库思老一世右侧身像，冠顶部饰有新月托一圆球。冠两侧有新月、星状图案，联珠之外有三个新月。银币背面中央为祭坛，祭坛上有火焰，其两侧分别有星和新月纹饰。两个祭司正面拄剑而立，头戴高冠。铭文意为“昌盛的库思老”（图2-7）。

图2-7 陕西耀县出土库思老一世银币

库思老一世（531 年～ 579 年），其名字的意思是“公正的荣耀”。他做王子时积极参与对马兹达克运动的镇压，从而得到了琐罗亚斯德教祭司集团的信任。库思老一世前后在位 48 年之久，是波斯萨珊王朝一位十分伟大的君主。他在位期间，萨珊王朝进入兴盛时期。目前所知，库思老一世的铸币地点有 80 多处，所造钱币数量也很多[1]。

⑤库思老二世金银币

库思老二世银币是陕西现存最多的萨珊银币种类。其中长安县天子峪出土六枚，西安何家村窖藏出土一枚，西安近郊唐墓出土一枚（图 2-8）。以何家村出土库思老二世银币为例，它的直径约 3.1 厘米，重 3 克，现藏于陕西历史博物馆。正面有库思老二世的右侧半身像，国王头戴王冠，冠顶有翼翅（琐罗亚斯德教中屠龙之神未累什加那的象征）和雉形饰物。两侧有婆罗钵文王名，王像周围有两圈联珠纹外框，框外上下左右边缘各有一新月抱星纹饰。背面中央有火焰纹和琐罗亚斯德教拜火祭坛，两侧各有仗剑侍立的祭司。祭司两侧分别有纪年铭文和铸造地名，周围是三圈联珠纹外框，框外缘有新月抱星纹饰。在我国出土的萨

图 2-8 西安发现的库思老二世金币

[1] 姜宝莲、袁林：《陕西发现外国金银币述略》，《新疆钱币》2004 年第 3 期。

珊银币中，库思老二世出土最多（图 2-9）。

图 2-9
西安何家村出土库思老二世银币

库思老二世（590 ～ 628 年）因多次击败拜占廷而享有盛名，他统治期间，是萨珊王朝最为强大繁盛的时期。在库思老二世统治萨珊的第二年，中国也结束了南北朝一个多世纪的分裂，隋文帝杨坚统一了中国。同时，突厥也统一了蒙古草原，征服了西域。政治环境的相对稳定带来了经济的繁荣，丝路贸易也相对地畅通起来。此一时期，史料上多有萨珊波斯同中国来往的记载。但何家村这枚银币的埋藏时间与制造时间相差一个多世纪，应当不是作为流通使用，可能是一种收藏品。

⑥布伦女王银币

陕西现存的一枚布伦女王银币出土于长安县天子峪舍利塔。1965 年 12 月，在长安县王家庄公社天子峪清禅寺附近的残舍利塔内发现一件白瓷钵，高 13 厘米、口径 14.5 厘米，内装骨灰、大小套装的两个银盒、一个小金盒。较大的银盒内装小银盒和七枚萨珊朝银币。据考证，此塔应是唐代天宝以前天子峪至相寺僧人的舍利塔。

天子峪舍利塔中发现的七枚萨珊银币中，六枚是库思老二世银币，一枚是布伦女王银币。银币正面为布伦女王的半身右侧像，王冠作半圆球形，冠底有联珠两列，四周插有饰物。冠顶有两翅膀，两翅之间夹有新月，新月托一球形物。左肩和胸前垂着长长的两条辫发。圆领衣，胸前横饰璎珞二串。婆罗钵铭文在王像的两侧。背面纹饰几乎与库思老二世银币背面的纹饰相同，区别仅在于祭师所戴的冠式。铭文在祭坛及祭师的两侧，记载着铸造钱币的时间和地点。从铭文可知，这枚银币铸造年代为公元630年[1]（图2-10）。

布伦女王在位仅一年多，而且处于内乱外患交迫的时期，所以其铸币数量很少。陕西这次出土的布伦女王银币是全国首次，十分珍贵。

图2-10 陕西长安县天子峪出土布伦女王银币

2. 波斯同中国的商业贸易

前文列举的种种波斯银币的出土，可成为萨珊王朝同古代中国贸易往来密切的有力佐证。除此之外，无论是在正史、野史，甚或话本小说中，对于波斯商人和商业活动，都有或正面、或侧面的记载："波斯尝献金绵锦袍，组织殊丽"（《隋书·何稠列传》）。"丁未，波斯大商李苏沙进沉香亭子材"（《旧唐书·敬宗本纪》）。"平卢副大使田神功兵马讨贼。神功至扬州，大掠居人资产，鞭笞发掘略尽，商胡大食、波斯等商旅死者数千人"（《旧唐书·邓景山列传》）。

诸如此类的记述，举不胜举，波斯商人活跃、有力的商业

[1] 朱捷元、秦波：《陕西长安和耀县发现的波斯萨珊朝银币》，《考古》1974年第2期。

活动由此可见。据日本文学家真人元开所著《唐大和上东征传》载，当时广州江中“有婆罗门、波斯、昆仑等船，不知其数，并载香药珍宝，积载如山。其舶深六七尺，师子国、大石国、骨唐国、白蛮、赤蛮等往来居住，种类极多”[1]。

波斯商贾来华经商者，大多从事以下行业：首先是珠宝香料，其次是钱庄金融。波斯商人在隋唐前后，或经陆路、或由海道来到中国经商运货，往来活跃于长安、洛阳、广州、扬州等重要都会、城市及港口，形成著名的所谓西市胡店和波斯邸，这在唐人的著述中常有提及。在唐代文献里我们经常看到“波斯胡”的记载，他们善于经营，有着精明的头脑，足迹遍及全国各地，统驭了香料和珠宝贸易。来华的波斯商人可分为两类：一类是随船或押运货物来华，贸易完后又随船回去；另一类是留而不去，在通商口岸设店经营。在京师长安的西市中，就建有波斯邸，不仅出售珠宝香药，而且兼营钱庄业务。

元人有诗云：“翡翠明珠载画船，黄金腰带耳环穿。自言家住波斯国，只种珊瑚不种田。”波斯商人之富有举世皆知，而波斯珠宝商在唐代也以善于辨宝、不惜重金收购珠宝而著称。《太平广记》载：波斯胡商在洪州曾以百万高价购得奇宝紫羯。传说拥有此宝者，被鬼神卫护，水火不能危害（《广异记·紫羯》）。又载：波斯胡人在扶风，以钱二千购得矿石一块，并当众剖得径寸珠一枚（《广异记·径寸珠》），可见波斯胡人在矿石的识别方面有着突出的才能。另有故事云波斯胡人有未见而知宝的特异功能，并在豫章以三万高价求得岑氏白宝石两枚（《稽神录·岑氏》）。再有崔炜去广州波斯邸售卖珠宝，结果被波斯胡商告知此宝乃是大食国宝阳燧珠，并以十万缗的高价买走（《传奇·崔

[1] 转引自向达：《唐代长安与西域文明》，第34页，生活·读书·新知三联出版社，1957年版。

炜》）。《太平广记》虽为小说性质，不可当作史料使用，但其记载民风民俗的部分亦能反映当时社会状况，可作史料之补充。唐长安城西市中的波斯邸，应当就是进行珠宝贸易的场所。1962年中国科学院考古研究所西安唐城发掘队，在唐长安西市南街中部的南侧发掘了一部分区域。出土的主要遗物有大量骨制的装饰品、料珠、珍珠和玛瑙、水晶等制的装饰品。专家推测，此处可能是珠宝商店的遗址[1]。具体商人身份已不可考，或许我们可以想象，其中也有波斯珠宝商人的身影。

波斯人多从事珠宝香料等生意，有其历史原因。首先，波斯湾是重要的珍珠产地，《大唐西域记》卷十一云："波剌斯国周数万里，……人户富饶。出金、银、鍮石、颇胝、水精、奇珍异宝……"。其次，在交通极度不发达的当时，商路贸易风险重重，路途的遥远，环境的恶劣，马贼的出没，都给旅途带来严峻的考验。因此，他们所携带的商品必然是体积小、价值大、易于保存的以珠宝和香料为主的奢侈品。

钱庄也是波斯商人在中国的重要经营类别，《太平广记》中记载了一个故事：李生欠折官钱数万贯，在扬州遇到得道的卢二舅，"（二舅曰）：'公所欠官钱多少？'（李生）曰：'二万贯。'乃与一拄杖曰：'将此于波斯店取钱，可从此学道，无自秽身陷盐铁也。'才晓，前马至，二舅令李生去。送出门。波斯见拄杖，惊曰：'此卢二舅拄杖，何以得之？'依言付钱。遂得无事"（《稽神录》）。这里的波斯店，无疑就是一种钱庄，而卢二舅给李生的拄杖，则是提款的信物，相当于今天的存折。

波斯商人在《太平广记》中多次出现，如："（波斯胡老）因曰：'我本王贵种也，商贩于此，已逾二十年'"（《集异

[1] 中国科学院考古研究所西安唐城发掘队：《唐代长安城考古纪略》，《考古》1963年第11期。

记》）。“李灌者，……常次洪州建昌县，倚舟于岸。岸有小蓬室，下有一病波斯（《独异志》）。“有一僧人，请率百万。乃于腋下取一小瓶……有波斯胡人见之，如其价以市之而去”（《紫羯》）。“（波斯胡人获得）径寸珠一枚，以刀破臂腋，藏其内，便还本国”（《广异记》）。

《太平广记》写于宋代，多取材于汉代至宋初的野史传说，于反映当时风土民情、社会现状具有十分重要的史料价值。阅读《太平广记》中的记载，波斯商人在丝绸之路上的活跃程度，便可见一斑。同时，波斯商人的富有也众所周知，唐李商隐在《杂纂》中“不相称”条中，列有“穷波斯，病医人，瘦人相扑，肥大新妇，先生不识字，居家念经，社长乘凉轿，老翁入娼家”。用“穷波斯”来写“不相称”的条目，从侧面可见波斯人当时贸易上的成功。

（三）香随绿酒入金杯——波斯金银器

金属工艺一直是波斯工艺美术中最为辉煌灿烂的篇章，早在前波斯时期的埃兰王国时代，波斯的金属工艺就相当成熟了。到了阿契美尼德王朝，波斯第一次统一为真正的大帝国，金属工艺风格变得豪华壮观。黄金在这一时期的工艺制品中非常突出，此时大量的金银制品，造型生动，做工精致，豪华典雅，充满了宫廷艺术的气质和享乐主义的色彩。但限于交通等因素，这一时期东西方交流尚不发达。后来的安息王朝前后历时 400 余年，但留下的金属工艺作品却并不多。

到了萨珊王朝时期，伊朗创造了前所未有的辉煌文明。法国的伊朗考古和历史专家吉尔什曼说：“萨珊文明是伊朗民族1000 年来历史发展的顶峰，代表它的最高成就。除远东而外，在贵霜帝国消逝之后，世界是由罗马和伊朗平分的。”此话并非夸张。在得天独厚的交通条件支撑下，萨珊朝伊朗在政治、宗教、文化领域内，对世界文明的影响范围之广，是当时任何一个国家都无法比拟的。在长达400多年的统治中，萨珊王朝创造了前所未有的辉煌文明，其影响力波及亚、非、欧三大洲。

对中国的金银器风格造型影响深远的，就是波斯文化发展至巅峰时代的萨珊王朝，这一时期金属工艺制品的风格变得优雅细腻、华美精致，制作工艺有了突破性进展，这种进展是在萨珊贵族奢侈与趣味的推动下进行的。多样化和精细化的金属工艺制品，成为波斯文明的巨大成就之一。波斯金属工艺的显著特点是：善于将动物的形象与器皿相结合，造型生动，大胆夸张，做工精细，材料丰富。整体风格豪华而典雅，热烈而奔放。

萨珊银器数量很多，传说马赞德兰地区曾有一个贵族宴请宾客，他家中的银器只有500副，只好又向邻居借来500副，足见当时金银器之多和贵族宴会的奢华。金、银、铜矿蕴藏丰富的伊朗高原，早在史前时代就产生了铸金技术，萨珊王朝时期金的供给量显著减少，银成为最主要的材料，用银制作的货币、装饰品、器皿充斥整个王朝，其技术也发展到一个高峰。

萨珊所处的地理位置及萨珊王朝对外的广泛交往，推动了其精美绝伦的金属工艺品流入周边地区，极大地影响了地中海沿岸、中亚以及中国工艺美术品的审美和制造。银器皿、银币和玻璃器是波斯萨珊最美的工艺制品，它们体积小、易于搬运，通过使者、商人和传教士之手传播到各地，自始至终受到人们的喜爱。

随着萨珊王朝与唐王朝的频繁交流，其发达的金银器制造技术也流传到中国。对唐代金银器皿的制作工艺和造型审美产生了重大影响。虽然中国在商代就已经出现了金银器，但是唐代金银器的使用数量之大，是前代所不能比拟的。考古出土的唐代金银器比以前各个朝代所出的金银器的总和还要多几倍。考古学泰斗夏鼐先生曾指出：金银器皿到唐代才发达，可能是受到萨珊王朝金银器工艺的影响。

需要指出的是，国外学者在《伊朗银器及其对唐代中国的影响》一文中曾提出“所有与中国唐代银器最接近的那些器物都是萨珊帝国疆域以外制作的，而且几乎都是萨珊朝最后崩溃，即伊嗣俟三世在木鹿附近被害之后百年制作的”。即所谓“后萨珊时代”制作的。但即使如此，也无法排除萨珊银器对中国的影响，本书对这一学术观点暂时不做讨论，仍将以下现象列为萨珊对中国金银器的影响。

1. 造型

多曲长杯原本是典型的波斯萨珊式的器物，口沿和器身呈变化的曲线，宛如一朵开放的花朵。萨珊王朝时期的银器以八曲长杯、盘、执壶、瓶、碗等居多，其中尤以八曲长杯最具特色，它因杯子的口缘弯曲成八分，并呈细长形状而得名。其装饰多在杯子的外壁和底部，纹饰精致典雅。长杯的曲法有两种：一种是每一曲都从器口直通器底，为竖向分瓣式；一种是两侧曲瓣的曲线不及底，为横向分层式（图 2-11）。

图 2-11　萨珊时期人物纹八曲长杯

唐代以前的中国传统器物中，并不流行长形器皿，多曲长杯以其不同于中国传统器物的造型给传统金银器注入了新鲜血液。

它因外形的凹陷而在内壁形成的棱状凸起，不同于中国器物光滑的内部。4世纪末期，这种长杯制作技术传入中国，一般为八曲或十二曲，曲瓣明显鼓凸。唐人对这种造型奇特的器物十分喜爱。通过唐代工匠的改进和调整，加高器足和器身，淡化内部突起的棱线，风格已全然不同于萨珊式的长杯，也成为唐代的创新器物。7世纪后半叶，多曲长杯逐渐中国化，曲瓣不甚明显，凹凸起伏较浅。

2002年，在西安市长安区祝村乡羊村，出土了一件萨珊式八曲银长杯（图2-12），该器物通体素面，平面呈八曲椭圆形，曲瓣对称，线处向器内凹入，两侧曲瓣的曲线不及底，为横向分层式曲瓣，圈足脱落。这件长杯的多曲瓣凸棱比较明显，底部原应有椭圆形圈足，具有浓郁的萨珊波斯银杯的风格[1]。

图2-12 西安市长安区祝村乡羊村出土萨珊式八曲银长杯

再如1996年西安砖厂出土的鎏金龙纹椭银杯（图2-13），杯体为椭圆形，口部为不规则八瓣椭圆，杯体内部被四条横向曲形凸棱有规律地分为五部分，上部纹饰为海水、仙山，中部为鱼子纹地的仙山、荷花、蔓草花纹，底部为两条龙首鱼身的摩羯相向而戏一朵莲花。杯体外侧被四条凹槽分为五部分，上部两相背

[1] 王长启：《西安发现一批唐代金银器》，《文博》2003年第1期。

图 2-13
西安砖厂出土鎏金龙纹椭银杯

者分别为一头梅花鹿与一头狮子，中部为两只衔绶带仙鹤，下部为两个舞女。银杯圈足残损脱落，残余部分表面满饰缠枝阔叶花纹。这件银长杯采用模具浇铸而成，杯体具有浓厚的萨珊艺术风格，但其绘画风格已经属于中国的传统文化范畴[1]。

8 世纪中叶以后，随着唐代审美观念的发展和文化的进一步融合，多曲长杯逐渐脱离了原先的曲瓣较深的横向分瓣，而逐渐演变为纵式的四瓣分曲、曲瓣平滑、竖向分瓣为主的形式。原来几何性的曲瓣演变为写实性的植物式样，其艺术效果完全中国化了。1975 年，西安市未央区出土一件海棠形凤鸟纹银杯(图 2-14)，银杯为四曲海棠形，平底，有高圈足，器型捶揲而成，纹饰錾刻，表面鎏金。内腹部由四条凸棱均分为四部分，每部分饰一朵大团花，内底椭圆形，周围饰一圈花瓣纹，内饰蔓草纹花，两只凤鸟盘旋飞行其中。此杯曲瓣便已减少到四瓣，杯体较萨珊长杯更深，下部有较高的喇叭形圈足，是萨珊银长杯中国化之后发展而来的一种器型[2]。

图 2-14
西安市未央区出土海棠形凤鸟纹银杯

[1][2] 西安市文物保护考古所：《西安文物精华——金银器》，第 62 页，世界图书出版社，2012 年版。

类似的中西结合式金银器是萨珊文化影响中国器物风格的主要表现形式，1983年西安市太乙路出土一件唐代金杯，杯口作四瓣海棠花轮廓。杯内底錾摩羯和火焰宝珠，衬以水波纹。水波纹外饰一周联珠纹，联珠纹外又刻一周花瓣带饰。杯内壁錾两组对称的宝相花，花朵两侧錾对称的如意花纹，每组花之间饰扭丝花纹带。杯口沿内侧与圈足外侧各饰一周芙蓉花瓣，杯身外壁为素面。其出土位置在长安城东市范围内。西安市也曾出土一件四曲长杯，器底为飞翔的两只鸟和流云纹[1]，周边有碎线叶瓣边饰，器口边缘为半瓣小花纹。还有西安市建国路出土的四曲长杯，器物底心为一对鹦鹉纹，衬以缠枝卷蔓，周边饰碎线叶瓣，器物口沿亦为碎线叶瓣边饰，腹壁分隔饰有四簇折枝花[2]。同样，陕西耀县柳林背阴村也出土过类似的四曲长杯[3]。据考证，这些四曲长杯的时代均约为9世纪。

有时，多曲长杯还会表现出横向分瓣的特点，杯体部分加深呈碗形，而下面的圈足更高，如陕西耀县背阴村出土的十二曲椭圆形长杯[4]，可惜圈足脱落，外底留有焊接痕迹。时代也应为9世纪。

萨珊多曲长杯传入中国，从开始的仿制到后来的创新，在中国的发展过程中形成了外来文化同本土文化相互融合的发展轨迹，最初只是单纯模仿，后在其中注入本土化审美因素，使得多曲长杯从最初的几何形状发展至后来犹如花朵盛开般的外形，纹饰和器型的变化也更符合中国人的审美和喜好，多曲长杯在唐代的发展也不再仅仅局限于金银器，出现了玉、水晶等多种材质的

[1] 贺林、梁晓青、罗忠民：《西安发现唐代金杯》，《文物》1983年第9期。

[2] 韩保全：《西安市文管会收藏的几件唐代金银器》，《考古与文物》1982年第1期。

[3][4] 陕西省博物馆：《陕西省耀县柳林背阴村出土一批唐代银器》，《文物》1966年第1期。

多曲长杯。西安何家村出土的文物内，就有两件并非由金银制作而成的八曲长杯，一件为白玉制作，一件为水晶制作。

其中，白玉忍冬纹八曲长杯以和田白玉制作而成，玉质洁白莹润，一侧口沿略呈黄色。造型为八曲长椭圆形，深腹，下附矮圈足。外腹凹凸分明，口沿一圈磨得很薄，厚度只有半毫米，外腹壁装饰有尖叶忍冬卷草纹。杯内两侧的弧形凸棱在腹壁，居中的两条弧线凸棱从口沿至腹底，凸棱两侧为圆润的凹槽。从杯口至杯底器壁逐渐增厚（图 2-15）。水晶八曲长杯则以无色透明水晶制成。器形与同时出土的白玉忍冬纹八曲长杯相同，有八个横向分层式的曲瓣和椭圆形矮圈足。其制作方法也与白玉忍冬纹八曲长杯类似，惟外壁光素无纹（图 2-16）。此二件器物虽非金银器皿，但器型来源为金银器中的多曲长杯造型。此外，还有西安唐代总章元年李爽墓出土的多曲玻璃杯[1]，分瓣由口及底，也是萨珊器皿影响下的产物。西安博物院现藏一件三彩多曲花口长杯，形状为近似椭圆的十二曲花瓣口，腹部有花叶草纹饰，也是模仿多曲长杯器型所做。

图 2-15
何家村出土白玉忍冬纹八曲长杯

图 2-16 何家村出土水晶八曲长杯

唐墓壁画中也多有多曲长杯造型的出现，如房陵长公主墓

[1] 陕西省文物管理委员会：《西安羊头镇唐李爽墓的发掘》，《文物》1959 年第 3 期。

前室东壁《托盘提壶男装侍女图》和前室西壁《托盘侍女图》中，都出现了多曲长杯造型。另外永泰公主墓前室西壁南侧《仕女图》、懿德太子墓壁画、李寿墓石椁线刻画中亦出现相同器皿，其质地无法辨认，可能为金银器。

唐代金银器制造中多有外来工匠的参与，直到唐玄宗时期，位于安南负责进出口贸易的官员还与“波斯僧广造奇巧，将以进内”，波斯人不仅带来自己的产品，还在中国广为制作。白玉、水晶八曲长杯的作者也可能是来华的波斯或粟特工匠。

2. 纹饰

①徽章式纹样

萨珊银器中经常见到想象出来的动物形象，具体做法为将各种动物添加双翼，周围环绕着绳索纹或联珠纹的边框，此种装饰被称为“徽章式纹样”。如伊朗马赞德兰省出土的舞蹈纹银碗[1]（图2-17）。底部中央是用绳索纹圈出的徽章形图案，里面是一只长尾的灵鸟。碗壁用一个个连续起来的桃形纹带分割为四等份，这种桃形纹也是萨珊银器的常见纹饰。每一等份里面有一株图案化了的葡萄树，每株葡萄树下站立一位女性，分别在吹风琴、弹琵琶、吹长笛和敲响板。绳索纹中间的长尾立鸟是萨珊银器的常见纹饰，鸟的颈部饰飘带或项链，有的还有头光，鸟的周围圈有联珠或花瓣、绳索纹的圆环围绕。徽章内部的纹样，有时还有浮雕式的鸟翼长尾兽或女性头像等。

图 2-17 伊朗出土舞蹈纹银碗

[1] 罗世平；齐东方：《波斯和伊斯兰美术》，第89页，中国人民大学出版社，2010年版。

图 2–18
西安何家村出土鎏金飞狮纹银盒

这种“徽章式纹样”出现在8世纪中叶以前的唐代金银器皿上，唐代金银器上的纹样接受了萨珊艺术的内容，在接受过程中逐渐产生了不少变化。比较有代表性的如西安何家村出土鎏金飞狮纹银盒（图2-18），银质鎏金，圆形，盖、底面稍隆，中部趋平。锤击成型，平錾花纹，纹饰鎏金。盒盖中部主题纹饰为一带翼的飞狮，狮目圆睁，张口亮舌，双耳竖立，四肢健壮，三肢抓云，一肢翘起，身上饰满祥云纹，双羽飞起，绒尾上挑，飞狮四周环绕双联珠纹夹棱形带点的连续几何纹样，形成徽章式图案。外层为三组云勾瓣宝相花和三组团石榴花相间。这种带翼兽纹外常加圆框的做法也是典型的萨珊“徽章式纹样”，带翼的狮纹造型飘逸，充满幻想，具有浓郁的外来风格。狮子来源于中亚西亚一带，唐代文献中多次提到康国、波斯、吐火罗、拂菻等地献狮子，这件器物中的飞狮纹，也是具有浓厚的外来色彩。

图 2–19
何家村出土鎏金翼鹿凤鸟纹银盒（盒面）

何家村窖藏还出土一件鎏金翼鹿凤鸟纹银盒，银盒盖面中心錾刻一只口衔绶带的双翼平角牡鹿，环绕一圈连心结，周围是八朵莲叶忍冬组成的石榴花箱（图2-19）。盒底中心是一只衔绶的凤鸟，周围是连心结和八朵忍冬花结，盒沿饰以流云飞鸟组成的二方连续图案，花纹平錾，纹饰鎏金。这类带翼动物的纹样在唐代还并非十分流行，多出现在8世纪中叶以前的器物上（图2-20）。

图 2-20
何家村出土鎏金翼鹿凤鸟纹银盒（盒底）

西安何家村出土的金银器中，多有“徽章式纹样”出现，其中心纹饰虽不是典型的带翼动物，但也具有浓厚的萨珊特征。如鎏金海兽水波纹银碗（图2-21），侈口弧腹，喇叭形矮圈足。器壁锤出14枚由口及底的曲线水波瓣，禽兽、花草、山石相间刻于水波瓣之中，动静有节，生动有趣。碗内底中心有鎏金海兽一只，旁有一对鸳鸯相伴戏水，周围饰一圈绳纹边框，组成徽章式纹样。圈足底面有八出团花一朵，由石榴形叶、莲叶、忍冬连结而成，圈足沿饰12朵流云。本件银碗腹部的水波纹，不同于中国的传统器型，有学者认为，这种较为平缓的水波纹，器体作分曲或花瓣形，并捶揲出凹凸起伏，应是受到粟特风格的影响，而后者又是承继自伊朗

图 2-21 何家村出土鎏金海兽水波纹银碗

图 2-22
何家村出土鎏金双狮纹银碗

萨珊[1]。再如何家村出土鎏金双狮纹银碗（图 2-22），腹壁锤出十个联体花瓣，碗内底饰鱼子纹地，中心有鎏金双狮，相对衔以二茎三出缠枝花。双狮下方为二茎二出缠枝花；其外围绕一圈绳索纹和一圈波浪纹，也具有徽章式纹样的典型特征。

“徽章式纹样”传入中国后，逐渐发生了改变，首先取消了圆框中的动物，代之以宝相花类，再晚些又取消了圆框，此种纹样在 8 世纪中叶以后的唐代金银器上逐渐消失。何家村出土的鎏金鸳鸯纹银盒，盒面中央有一只雄鸳鸯，蓬首、振翅、扬尾、信步，姿态怡然，外绕 8 个桃叶、忍冬、莲叶花结。盖身侧面饰 12 朵流云。盒底中央为八出团花一朵，外绕 8 个桃叶、忍冬、莲叶花结。盒身侧面饰 13 朵流云。盒内可见到清晰的同心螺旋纹（图 2-23）。这件银盒盒盖与底上并存着动物和宝相花这两种风格的徽章式纹样，盒面上鸳鸯与桃叶、忍冬、莲叶花结之间，还留有可以容纳绳索纹的空隙，应该作于“徽章式纹样”消失不久。

图 2-23
何家村出土鎏金鸳鸯纹银盒

②立鸟纹

立鸟纹是萨珊银器的重要纹饰

[1] 孙机：《中国圣火》，第 152 页，辽宁教育出版社，1996 年版。

之一，常为站立状的长尾鸟，如上文“徽章式纹样”中所举的例子那样，颈上系有绶带。唐代金银器上的鸟衔花草、绶带或方胜的纹样显然受到了萨珊金银器的影响。不过，唐代的立鸟纹大多姿势优美，体态生动，尤其是后来，它们以中国人喜爱的成双配对的形式出现，并增添了飞腾的动感。如何家村出土的鎏金双雁纹银盒（图 2-24），盒面中央有相向站立的双雁，做振翅状，俱站于一莲蓬之上，对衔一菱形胜，胜下缀穗。胜上方有一组三出莲，一花二叶。雁踏莲蓬两侧的莲叶勾卷蔓延，呈半合抱状。盒侧面饰 11 朵流云。盒底中央为四枚桃叶、忍冬连结花瓣，四瓣尖处各生长一朵阔叶折枝花，花瓣交汇的四结点处各生长出一朵莲叶串枝花。盒身侧面饰 12 朵流云。盒上的立鸟纹式样仿自萨珊王朝，站立的双雁姿势优美，体态生动，呈现一种飞腾的动感，增添了中国人喜爱的成双配对的形式。

图 2–24
何家村出土的鎏金双雁纹银盒

③联珠纹

萨珊波斯的联珠纹也多出现在唐代金银器中。它们常用来间隔图案，有时也会作为造型的因素。如出现在杯的足底和柄上。联珠纹是在团纹的四周边饰以若干大小相同、连续排列的圆圈，如同联珠而得名，常用于装饰主题纹样周围，用圆环围绕，形似一串联珠，故称联珠纹。这在唐代前期金银器上极为多见。

联珠纹作为典型的波斯传统纹饰，作为太阳崇拜的象征而普遍流行，萨珊王朝时曾被大量使用在建筑、织锦、金银器上。

联珠纹在中国境内的发现大致分为两类：一是在有波斯风格或波斯传入的丝织品上；一是在石窟的壁画中。除此以外，在石刻、建筑材料、金银器等也有许多运用。这些在中国以往的传统内容中未发现先例，显然是通过丝绸之路受到古代伊朗文化的影响而出现的。

联珠纹5世纪末进入中国内地，6～7世纪风行一时，直至9世纪中叶尚有余响。陕西出土的带有联珠纹样的文物大多在6～7世纪之后。1970年陕西西安何家村出土的三件八棱金把杯，柄呈圆圈形，足部边缘有联珠，各棱面分隔处也有一列竖直的联珠，这些都是萨珊式的风格。1970年西安西郊出土的一件缠枝纹银碗，碗体呈八曲瓣，各瓣凸鼓明显，碗内底心饰有两周联珠纹，碗足的底边亦饰一周联珠。1982年在陕西凤翔出土的唐朝宝相花镜背面，联珠纹钮座、短颈联珠纹花蕊也清晰可见。此外，何家村窖藏出土莲瓣纹弧腹金碗和狩猎纹筒腹银高足杯、西安沙坡村出土狩猎纹筒腹银高足杯、西安市出土摩羯纹金长杯、咸阳出土缠枝纹金注壶等金银器，都饰有联珠纹。

大明宫含元殿遗址出土有一种联珠莲花纹方砖，砖面上即用内外五层联珠纹作装饰[1]。再如第一章中提到的西安出土安伽墓的围屏石榻的榻板，榻板正面及左、右两侧面减地刻绘动物头部图案33幅，其中正面17幅，左、右侧面各有8幅。每幅动物图案均以联珠圈纹相隔，每隔一个动物图案即以椭圆联珠圈饰以边框（图2-25）。

1982年在陕西凤翔出土的唐朝宝相花镜背面，联珠纹钮座、短颈联珠纹花蕊清晰可见。唐昭陵新城公主墓石墓门的门楣正面

[1] 中国社会科学院考古研究所唐城工作队：《唐大明宫含元殿遗址1995一1996年发掘报告》，《考古学报》1997年第3期。

图 2-25 安伽墓围屏石榻正面踏板上的联珠动物纹

中间线刻兽首图案，两侧亦为联珠团花纹[1]。

再如陕西省三原县双盛村出土隋代李和墓石棺盖上的浅雕，棺盖的四周和中间刻有大小数十个以禽兽头部为中心内容的圆形图案画，主要有象头、虎头、马头和鹰头、猪头、犬头及许多神人头像等，图案的边沿的纹饰仍是以联珠为主。

3. 工艺

①捶揲工艺

早在商代，中国传统金器制作中就已出现捶揲工艺，但是始终没有受到广泛地采用。到了唐代，受萨珊伊朗传入的金银器制造技艺影响，才开始广泛采用捶揲技术。捶揲工艺是利用金银质地柔软，延展性好的特点，将金银片衬以软物或置于模具上锤击成型。除了造型上采用捶揲技术，主题纹样也常常是先锤出轮廓，然后进行细部雕刻，形成浮雕式图案。“花纹捶揲正面突出似浮雕，时人称其效果为隐起。”捶揲技术耗材少，利于制作薄胎器。前文提到的西安何家村窖藏出土的鸳鸯莲瓣纹金碗、鎏金侍女狩猎纹八瓣银杯等均属于捶揲成型。在一些金银器上，如何家村出土鎏金双狐纹双桃形银盘的背后，还能清楚地看到捶揲的痕迹，捶揲出的双狐轮廓清晰可见，立体感很强，以至于双狐肌肉的凹

[1] 陕西省考古研究所等编著：《唐新城长公主墓发掘报告》，第 117 页，科学出版社，2004 年版。

图 2-26
西安何家村出土鎏金双狐纹双桃形银盘背后的锤揲痕迹

凸质感都能纤毫毕现地表现出来。要达到这样的效果，直接捶揲的难度很大，应该是在事先做好的底模上锤出轮廓，再用刀具在正面刻画，最后抛光、錾刻、鎏金，这几项工艺可能交替反复数次（图 2-26）。

②金珠工艺

金珠焊缀工艺也称“炸珠”、“吹珠”、“焊珠”，我国古代称为“金粱”。它是把黄金制成极微小的金珠，再通过焊接排列成为图案的细金工艺。古代金工能运用这种工艺，将数以百千的黄金微粒焊接组合成金饰品，技术之精湛令人叹为观止。这种工艺最早起源于古代美索不达米亚的两河流域，两汉之际传入中国。

金珠工艺的应用在陕西长安县南里王村窦檄墓出土的金镶玉带上有体现[1]，带饰用玉框为缘，内有金板，金板上饰以掐丝及镶嵌宝石，底子采用金珠焊缀工艺，华贵异常。再如何家村窖藏出土的金梳背上焊接的直径 0.05 厘米的小金珠，至今牢固如初，没有丝毫的裂缝和脱落（图 2-27）。

1988 年咸阳机场出土的金耳坠，为纯金制作，镶以宝石。坠钩为 V 字形，坠身似橄榄。从坠钩和坠身相接处焊接一周小金珠，钩身上也焊接两道金珠，直到坠钩顶端，制造出华美精致的

[1] 负安志：《陕西长安县南里王村与咸阳飞机场出土大量隋唐珍贵文物》，《考古与文物》1993 年第 6 期。

图 2-27 何家村出土金梳背

效果（图 2-28）。

图 2-28
西安咸阳机场出土金耳坠

（四）香浮乳酪玻璃碗——波斯玻璃器

西晋诗人潘尼有《琉璃碗赋》一首，赞美来自西方的玻璃，诗云：“览方贡之彼珍，玮兹碗之独奇。济流沙之绝险，越葱岭之峻危。其由来也阻远，其所托也幽深。……凝霜不足方其洁，澄水不能喻其清。刚坚金石，劲励琼玉。磨之不磷，涅之不浊。举兹碗以酬宾，荣密坐之曲宴。流景炯晃以内澈，清醴瑶琰而外见”。考古发掘资料证明，中国早在距今 3000 余年前的西周时期就能制造玻璃器皿，但我国自产的玻璃以铅钡玻璃为主，质地脆而易碎。随着对外交往的增多，西方生产的钠钙玻璃传入中国，外形美观，质地坚实，为贵族平民所喜爱。其中幸而保存至今的，便成为了丝绸之路上交通贸易的实物见证。

1. 奇谲瑰丽的蜻蜓眼

对于严谨刻板的考古学来说，“蜻蜓眼”这个名字似乎更具有一些浪漫主义的色彩。如同它的花纹一般，带着如同现下流行的“撞色”般的瑰丽，夸张而美艳。关于这个名字的由来，我们已经无从考证。一般认为：它身上装饰一些类似眼睛的圆形图案，如同蜻蜓的复眼。“蜻蜓眼”在公元前 1400 年到公元前 1350 年出现于埃及，在春秋晚期自西亚传入我国，流行于春秋战国时期，集中流行的时间大概只有 300 多年，但却在埃及、西欧、北欧、西亚、中亚这一片广大地域流行了 2000 年。

在西亚、北非以及欧洲的广大地区，“恶眼”（Evil Eye）意识是源头古老、流传广泛的一种信仰。人们相信，某些人的眼中充满邪恶的力量，能够杀死鲜活的生命，摧毁无生命的物体。而恶眼第一次注视力量最为强大，佩戴适当的护符，可以吸收恶眼的第一次注视的强大力量，使人能够承受后面渐弱的攻击。蜻蜓眼式玻璃珠就是其中流传最为广泛的护符，因而人类学家又称之为“恶眼珠”（Evil-eye Bead）。不仅人类，动物甚至农具等无生命的物体也需佩戴。直到今天，在西班牙、意大利、东非乃至整个伊斯兰世界，这种信仰依然有所遗留[1]。

蜻蜓眼传入中国后，较早出现在山西、山东、湖南境内。湖南、湖北两处以战国早期楚文化为主的省份，出土了大量的蜻蜓眼玻璃珠，通过检测，其中一部分是使用西亚系的玻璃制作的，剩下的是使用我国自产的玻璃制作的。显然，这种来自域外的文化因素同奇幻神秘的楚文化相得益彰，更容易为当地贵族所接受。

战国中晚期，楚国逐渐衰落，秦国强大崛起。秦文化的开放、包容为它吸收不同风格的文化类型提供了条件。于是，陕西的关

[1] 赵德云：《中国出土的蜻蜓眼式玻璃珠研究》，《考古学报》2012 年第 2 期。

中、四川北部和甘肃地区，集中出现了一批蜻蜓眼。陕西蜻蜓眼玻璃珠的时代多在战国中晚期至秦朝这一段时间内，如咸阳黄家沟战国墓地、咸阳塔儿坡秦墓、西安北郊秦墓等。

1998 年 5 月至 2001 年 12 月的三年间，陕西省考古研究所在西安北郊的尤家庄、北康村、翁家庄等地周围发掘了一批战国秦至统一秦时期的墓葬，出土一批蜻蜓眼料珠（玻璃珠）。图为西安北郊秦墓西安明珠花园住宅小区考古工地出土的一批蜻蜓眼（图 2-29）。这批蜻蜓眼出于同一墓葬，图右下角蜻蜓眼为扁圆形，表面饰九个大小相同的乳钉，乳钉酱褐色，乳根有一圈白色，底色为淡蓝色，琉璃质，表面坚硬光滑。左下角蜻蜓眼亦为扁圆形，较瘦高，表面饰 15 个大小相同的乳钉，乳钉淡蓝色，乳根有一圈白色，底色同乳钉颜色相同，质地坚硬，表面光滑。其余几颗底色及乳钉均为紫色，乳根为一圈白色，胎灰白或棕色，质地疏松[1]。

图 2-29 西安北郊秦墓出土蜻蜓眼

咸阳塔儿坡秦墓位于咸阳市区东郊渭河。解放后，这一带随着农田建设和经济的发展，常有秦人墓葬或窖藏发现。近年来，考古工作者在渭河第二阶台级上的塔儿坡至窑店镇东北秦遗址东西一线约 16 千米范围内，发现了塔儿坡、任家嘴、黄家沟等秦人墓葬群。1995 年，咸阳市文物考古研究所在陕西省考古研究所的指导下进行了发掘。发掘工作历时五个月，清理战国秦墓

[1] 陕西省考古研究所：《西安北郊秦墓》，第 312 页，三秦出版社，2006 年版。

381 座，出土一大批蜻蜓眼玻璃珠，数量约有四五十颗。形状有球形、圆柱形、四棱柱形等。球形或扁圆形珠所占比重较大，球面上有多组圆圈纹或线条组成的图案，质地较脆，中间有穿孔，珠体底色为紫色、乳白、淡黄、深蓝、灰白色。珠面上饰红色、浅蓝、黄色、白色圆圈纹。其色彩绚丽，华美珍贵。如编号为 25085:1 的球形蜻蜓眼，底色紫红，珠面饰朱红色带状菱形纹及黄色、浅蓝色、白色圆圈纹。再如编号为 46386:2- ②的蜻蜓眼，球形，底色淡黄，珠面饰平行带纹三条，带上饰浅蓝、紫红色圆圈纹。圆孔两头大中间小，四周光滑，应为串系磨损形成。除此之外，还有不少圆柱形珠，中间略鼓，珠面由白色圆圈纹组成图案，中间有圆孔。如编号为 21376:11 的蜻蜓眼，圆柱形，底色紫红，珠面上、中、下用三条双线把珠面分为两部分，每部分由饰白色的三角形纹、圆圈纹、圆点连成的竖线纹组成图案[1]。

西安市文物保护考古所自 1989 年至 2003 年间，在西安南郊发掘秦墓 300 多座，其中西安光华胶鞋厂出土蜻蜓眼玻璃珠 6 枚，茅坡村邮电学院秦墓出土近 10 枚，潘家庄世家新城秦墓出土 1 枚。如编号为 M49:4 的蜻蜓眼（图 2-30），扁球状，中有一圆孔，质地较脆。珠体底色为灰白色，珠面饰黑色、浅蓝、白色圆圈纹。再如编号为 M11:18 的蜻蜓眼（图 2-31），胎为绿色，表有白彩圈，圈内镶嵌蓝色绿松石三颗组成图案，出土时位于棺内里端右角。

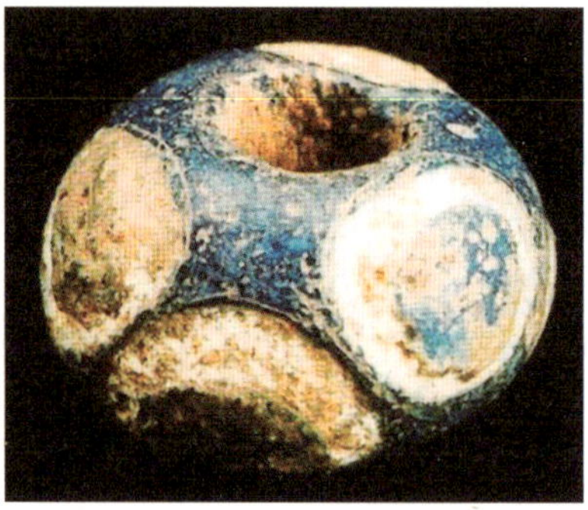

图 2-30
西安南郊秦墓出土编号为 M49:4 的蜻蜓眼

[1] 咸阳市文物考古研究所：《塔儿坡秦墓》，第 177 页，三秦出版社，1998 年版。

图 2-32
西安南郊秦墓出土编号 为 M3:4 的蜻蜓眼

图 2-31
西安南郊秦墓出土编号为 M11:18 的蜻蜓眼

还有编号为 M3:4 的蜻蜓眼，胎深蓝色，部分饰物已脱落，表面饰白色彩圈，每个圈为多层，中间镶嵌绿松石一颗，出土时位于骨架左侧[1]（图 2-32）。

有人说，世界上没有完全一样的两颗蜻蜓眼。因为它们不是模制的，而是手工制作，就算眼睛的花纹一样，位置、装饰也会有所变化。曾经有日本学者模拟过蜻蜓眼玻璃珠的制作，认为批量生产该种玻璃珠是有可能的，但却无法复制出一模一样的。所以，今天我们所看到的蜻蜓眼玻璃珠，呈现出千姿百态的艺术形态。

蜻蜓眼的纹饰，在商周玉石器中并未出现过，春秋时期中国自制铅钡玻璃中也没有此类花纹。有学者认为，伊朗高原吉兰州出土了大量蜻蜓眼式玻璃珠，与中国春秋末、战国初的标本很相似。中国的蜻蜓眼式玻璃珠是公元前 1000 纪中叶由游牧民族通过丝绸之路经新疆传入我国的，因此将中国蜻蜓眼式玻璃珠的源

[1] 西安市文物保护考古所：《西安南郊秦墓》，第 348 页，陕西人民出版社，2004 年版。

头推溯至西亚[1]，甚至有学者认为根据西方玻璃珠和中国境内玻璃珠的出土地点，完全可以复原一条从古波斯统治中心波斯波利斯到长江流域楚国的交通路线。当然，这只是部分学者的观点，奇诡绚丽的蜻蜓眼，究竟是通过哪一种渠道，经由哪一条道路传入中国，现在学界仍然有着争议。结合蜻蜓眼在伊朗的出土情况与伊朗和邻国的关系，蜻蜓眼式玻璃珠有可能是从伊朗经帕米尔一带进入塔里木盆地的。

2. 玻璃杯与玻璃瓶

3、4 世纪以后，伊朗玻璃器开始输入中国，其中以实用器物居多。萨珊玻璃器以凸出的圆形装饰为特点，在东方独树一帜，中国也成为它的销售市场。

西安何家村出土凸纹玻璃杯是萨珊输入的玻璃制品之一，具有萨珊玻璃器突出的圆环纹特点。玻璃杯平底侈口，口沿下有一条阳弦纹，腹部有八组纵三环纹，透明度较高，稍泛黄绿色，属吹制成型。圆环纹采用的是粘贴玻璃条技术，装饰效果呈凸起的网格状，其做法是将熔融的玻璃条挑出，趁熟贴压在杯身上，属熟加工装饰工艺。粘贴玻璃条为装饰的做法早在罗马玻璃中就已经出现，而萨珊玻璃工匠发展了这一技术（图 2-33）。

图 2-33　西安何家村出土凸纹玻璃杯

何家村遗宝出土后不久，陕西临潼庆山寺塔基内也出土了一件束颈、圆球腹、小平底玻璃瓶。器肩有一周凸起的弦纹，腹外壁粘贴不规则的凸起网纹。根据庆山

[1] 安家瑶：《镶嵌玻璃珠的传入及发展》，《十世纪前的丝绸之路和东西文化交流》，新世界出版社，1996：351。

寺塔基内一同出土的唐开元二十九年（公元 741 年）竖立的“上方舍利塔记”，可推知此件玻璃瓶的制作应不晚于开元二十九年。庆山寺塔基出土的玻璃瓶具有浓郁的萨珊风格，应是萨珊输入或唐人仿制。

2014 年，伊朗国家博物馆展出了一件玻璃瓶，其造型、纹饰同西安东郊隋代清禅寺塔基出土的一件萨珊玻璃瓶几乎一模一样[1]。不过，伊朗国家博物馆的这件玻璃瓶虽形制清楚，但风化严重（图 2-34），中国那件由于深藏在寺院遗址中，至今仍绿色透明，保存完好（图 2-35）。历史仿佛在不经意间向人们诉说着一种貌似偶然的真相，把我们带回到那个令人神往的时代。

图 2-34
伊朗国家博物馆展出的玻璃瓶

图 2-35
隋清禅寺出土萨珊玻璃瓶

（五）亦有习祆教，相率拜天祠——祆教

琐罗亚斯德教是世界最古老的一个宗教。早在波斯阿契美尼

[1] 齐东方：《似曾相识的的异国文物》，《广州日报》2014 年 9 月 28 日 B3 版。

（Achaemenian）王朝（约公元前550- 公元前330年）时期，该教已作为国教。从此而后波斯各王朝大都以琐罗亚斯德教为主进行宗教活动。琐罗亚斯德教的创始人琐罗亚斯德是波斯的一位先知，公元前7世纪，他改革了原始的雅利安教，认为宇宙和人类生活是由“光明之神”阿胡拉·马兹达（Ahura Mazda）和“黑暗之神”安格拉·曼纽（Angra Mainyu）统治着，二神永远处在斗争中。火是“光明之神”阿胡拉·马兹达的儿子，代表光明。因其以点燃的火焰作为崇拜的对象，故琐罗亚斯德教在中国很长一段时间被称为祆教、火祆教或拜火教。大概到了清末，随着西学东渐，一些学者才明确祆教、火祆教溯源于琐罗亚斯德教。

8世纪中叶大食占有中亚后，大批教徒向东迁徙，对中亚地区的宗教结构带来很大冲击。除粟特地区外，当时新疆的高昌、焉耆、疏勒、于阗等地也流行该教。

祆教传入中国的时间当在南北朝时期。北魏人称为“胡天神”。西魏、北周时，波斯曾先后遣使至长安，祆教亦在此时传入长安等地，隋末唐初，改称“胡天”为“祆”。

唐长安是一个多种宗教汇聚的都市，唐代也是祆教在中国传播的黄金时代。起初，长安的祆教多由粟特人经由西域传来，隋唐文献所记录的中土祆教活动，多数是与粟特人有关；文献所记载“群胡奉事取火呪诅”的诸多祆祠，多属粟特人。但粟特本土的祆教并不具备完整的宗教体系，由粟特人带入的祆教也更谈不上体系完备了。本书中亚篇中所提到安伽墓与史君墓中的出土资料，很多都具有祆教因素。唐高宗时，萨珊末代皇室卑路斯流落长安，随之而来的王室成员、贵族子弟、专职僧侣以及随从部下有数千人之多，尤其是不愿改宗伊斯兰教的波斯琐罗亚斯德高级僧侣“穆护”。他们直接来自波斯本土，相比粟特的祆教徒而言，他们更具有本土化的正宗优势，从此，长安有了正宗的琐罗亚斯德教的存在。唐时，凡波斯人在华的集居地多建有祆教寺院。

长安城中即有祆寺五处，分别分布在布政坊、醴泉坊、普宁坊、靖恭坊和崇化坊。据韦述《两京新记》卷三记载，布政坊祆祠始建于武德四年（621 年），为陕西及中国最早的祆祠。也有人认为，客死于长安的波斯萨珊王朝末代国王伊嗣俟之子卑路斯在长安西北所建“波斯古寺”，亦为祆祠。随着胡人聚居区不断扩大，崇拜祆神和信奉祆教的人也比以前更多。

1955 年冬，陕西省文物管理委员会在配合基建中，于西安西郊约两千米的土门村附近发现一方苏谅妻马氏墓志。墓葬在发现时已被破坏，墓志现藏于西安碑林博物馆（图 2-36）。

墓志略呈方形，高 39.5 厘米，宽 35.5 厘米，厚 7 厘米。上书婆罗钵文和汉文两种文字。上部为婆罗钵文，六行横书，下部为汉文，七行竖书，文曰：

图 2-36
西安土门出土苏谅妻马氏墓志

左神策军散兵
马使苏谅妻马
氏己巳生年廿六
于咸通十五年甲
午口二月辛卯建
廿八日丁巳申时身
亡故记[1]

婆罗钵文意为：“此乃已故王族，出身苏谅（家族）之左神策骑兵之长的女儿马昔师（Masis），于已故伊嗣俟二四〇年……死去。（愿）其（住）地与阿胡拉·马兹达及天使们同在美好的

[1] 陕西省文物管理委员会：《西安发现晚唐祆教徒的汉、婆罗钵文合璧墓志》，《考古》1964 年第 9 期。

图 2-37 苏谅妻马氏墓志拓片

天堂里。祝福。”[1]（图 2-37）

从婆罗钵文译文知，苏谅及其妻马氏为祆教徒和侨居唐朝的波斯人。苏谅的官职是“左神策军散兵马使”，婆罗钵文称作“神策军骑长”，神策军是一支由宦官掌握的军队，后来实际上成了皇帝的禁军。苏谅身为祆教徒和外国人，能任此要职，足证其是深受唐王朝信任的。

从这方汉文和婆罗钵文合璧的墓志里，我们可以看出，来自波斯的祆教徒们仍然保留着他们古老的信仰，虽然苏谅妻马氏亡故的时间为咸通十五年，也就是公元 874 年，而萨珊波斯亡国的时间为公元 651 年，也就是说，马氏死亡的时候，波斯已经灭亡 200 多年了。这一时期的中亚，是由信仰伊斯兰教的大食所统治。尽管如此，他们在墓志中仍然使用波斯文字和祆历，北京大学葛承雍教授认为，这方墓志的婆罗钵文是走行体，颇难镌刻，说明长安必有熟悉这套宗教套语的胡人与熟悉这类文字的能工巧匠[2]。

二、丝路西通大食天——阿拉伯

中国和阿拉伯有着上千年的交往史，早在汉代，中国人便已知道帕提亚（安息王朝）以西有个条支国，以出产香料而著称。南北朝时，已有阿拉伯国家向北魏政府派遣使团。公元 651 年，统一而强大起来的阿拉伯帝国击败西亚的霸主——波斯萨珊王

---

[1][2] 葛承雍：《唐韵胡音与外来文明》，第 261 页，中华书局，2006 年版。

朝，盛极一时。唐朝和阿拉伯经历了遣使、通商、战争，伊斯兰文明和华夏文明在交流中相互传播，相互碰撞，相互渗透，相互影响，在当时的世界上形成新的政治和文化格局。

（一）万里观风使节来——杨良瑶神道碑

1984年4月，陕西省泾阳县文物工作者从事田野考古调查时，在泾阳县扫宋乡（现并入云阳镇）大、小杨户村附近，发现了一通石碑。碑额篆刻“唐故杨府君神道之碑”九字。碑文记叙了墓主人杨良瑶的家族渊源和生平事迹。该神道碑现藏泾阳县博物馆（图 2-38）。

通过碑文记载可知，杨良瑶官至唐三军僻仗、太中大夫，行内侍省给事。贞元初年，“四海无波，九泽入覲。昔使绝域，西汉难其选；今通区外，皇上思其人。比才类能，非公莫可。以贞元元年四月，赐绯鱼袋，充聘国使于黑衣大食，备判官内，傔受国信诏书。奉命遂行，不畏于远；届乎南海，舍陆登舟。……经过万国，播皇风于异俗，被声教于无垠。德返如期，成命不坠”。贞元元年（785年），杨良瑶作为唐王朝的聘国使航海前往黑衣大食，并按期返回，不负使命。杨良瑶在出使过程中并未选择陆路，而是自南海登舟，航海出行，在一年之内完成了前往黑衣大食的外交活动，并沿途散播宣扬了唐王朝的政

图 2-38 杨良瑶神道碑

治主张。从这个角度看，杨良瑶是早郑和600多年的下西洋第一人[1]。

大食是中国唐、宋时期对阿拉伯帝国的专称。按照新旧唐书的记载，唐人对大食国的了解，最初仅限于来自西域的传说，随着大食灭波斯，击败拂菻（东罗马帝国），同唐代开始了官方的正式交往。阿拉伯帝国先后经历了四大哈里发时期及倭马亚王朝和阿拔斯王朝。唐代将倭马亚王朝称作白衣大食，阿拔斯王朝称作黑衣大食。在《旧唐书》等史料中，多有关于这两个王朝更迭的记载。

从初唐至盛唐期间，大食多次遣使往来，史载：（永徽二年）八月乙丑，大食国始遣使朝献（《旧唐书·高宗本纪》）。（永徽六年）六月，大食国遣使朝贡（《旧唐书·高宗本纪》）。证圣初，大食使者献师子，（姚）璹曰："是兽非肉不食，自碎叶至都，所费广矣。陛下鹰犬且不蓄，而厚资养猛兽哉！"有诏大食停献（《新唐书·姚璹列传》）。长安中，遣使献良马。景云二年，又献方物。开元初，遣使来朝，进马及宝钿带等方物。其使谒见，唯平立不拜，宪司欲纠之，中书令张说奏曰："大食殊俗，慕义远来，不可置罪。"上特许之。寻又遣使朝献（《旧唐书·大食传》）。

从唐玄宗开元年间起，中国同阿拉伯帝国的冲突逐渐加剧。此时的大食已分裂为黑衣大食与白衣大食，而黑衣大食（阿拔斯王朝）最终统一了阿拉伯半岛（图2-39）。

在建国最初的百年间，国内政治稳固、社会安宁、农商发展、文化昌明，声威远播，使大食的对外扩张达到极致状态，建立起了横跨亚非欧三大洲的帝国，影响慢慢渗透至中亚地区。而此时

[1] 张世民：《杨良瑶：中国最早航海下西洋的外交使节》，《咸阳师范学院学报》2005年第3期。

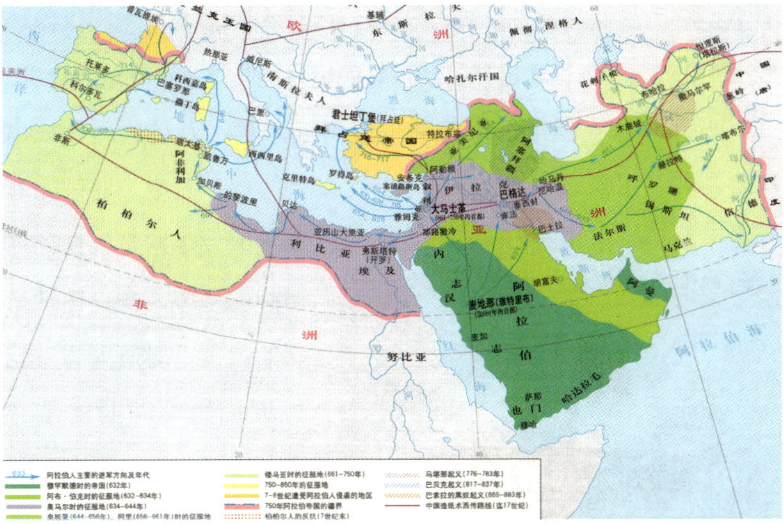

图 2-39 阿拉伯帝国

的中亚、西域，随着东、西突厥汗国先后被中国所灭，鄯善、高昌、焉耆、龟兹、疏勒、于阗等小国纷纷投降唐朝，或被武力灭国。唐朝在西域建立起了以安西四镇为核心的统治体系，设安西都护府，管辖包括今新疆、哈萨克斯坦东部、吉尔吉斯斯坦、塔吉克斯坦东部、阿富汗大部、土库曼斯坦东半部、乌兹别克斯坦大部等地。随着大食的扩张，唐朝同大食在中亚地区不断发生碰撞，天宝十年（751 年），唐王朝大将高仙芝同黑衣大食在中亚名城怛罗斯（今哈萨克斯坦南部塔拉兹附近）遭遇，高仙芝战败，这就是著名的“怛罗斯之战”。

“怛罗斯之战”是当时世界上最强大的东西方帝国之间的碰撞，对当时的中亚格局产生了重大影响。这场战争基本划定了大唐和大食在中亚地区的势力范围。战后，双方贸易也频繁起来。史书记载：怛罗斯之战后，大食遣使来到唐王朝有 16 次之多。但是现存历史文献中，尚未发现唐王朝派遣使节航海出使大食的记录。因此，杨良瑶神道碑的记叙显得尤其珍贵。天宝十四年（755 年），崛起的吐蕃夺取河西诸镇，为抵御吐蕃，唐德宗采纳宰相

【阿拔斯王朝】

阿拔斯王朝为阿拉伯帝国的一个王朝。750年取代倭马亚王朝，定都巴格达，1258年被蒙古旭烈兀西征所灭。该王朝统治时期，中世纪的伊斯兰教世界达到了鼎盛，曾在怛罗斯一战中战胜当时强大的唐王朝。古代中国史籍（新旧唐书）中称其为黑衣大食。

李泌提出的“北和回纥，南通云南，西结大食、天竺”，以困吐蕃的外交政策，杨良瑶出使的政治目的也可能与这一外交政策有关。

2014 年，在发现神道碑的位置附近，考古人员清理发掘出两块青石，拼接成一个 1.5 米长、1 米宽的龟形石座。经过比对鉴定，发现这是杨良瑶神道碑的基座。杨良瑶神道碑的出土，对研究唐王朝与阿拉伯之间的使节往来，以及海上丝绸之路的发展提供了宝贵的实物资料（图 2-40）。

图 2-40 杨良瑶神道碑的龟形石座

（二）少令钱币各通融——阿拉伯金币

1964 年 4 月 15 日，西安市鱼化公社西窑头村的社员，在该村西南约 0.5 千米的地方发现一座砖券的古墓，并在墓底发现三枚金币。6 月 9 日，该村社员将金币送交陕西省博物馆。

西窑头村在西安市西郊，距城区约五千米。这一地区之前曾出土过唐代西域米国人米继芬、突厥人阿史那毗伽特勤的墓志和古波斯银币等。因此，考古队推测这一带可能是唐代外来民族的埋葬区。为进一步证实这一想法，陕西省文物管理委员会对该墓葬进行了清理[1]。

该墓葬的时代约在中唐至晚唐之间，墓已被盗掘，墓中随葬物已被扰乱，三枚金币中的两枚出在墓室底的西部南边，另一枚出在西部北边，它们和其他随葬品的位置关系已无法弄清。经中国社科院考古研究所夏鼐先生考证，这三枚金币，两面都是苦法

[1] 陕西省文物管理委员会：《西安市西窑头村唐墓清理记》，《考古》1965 年第 8 期。

体阿拉伯文，铭文中除了引用《可兰经》字句外，还明言“这第纳尔（Dinar）铸于XX年”（图2-41）。

图2-41 西安市西郊西窑头村出土阿拉伯金币

“第纳尔”是阿拉伯国家的货币单位。693年，阿拉伯王国的第一个王朝——倭马亚王朝的哈里发阿布杜勒·马利克在大马士革打造了伊斯兰世界上最早的金币，这就是第纳尔的起源。我们选取其中一枚加以释读，可知正面的铭文为“安拉（真主）之外无神，他是独一无偶的”。边缘上一圈字为“穆罕默德是安拉的使者，安拉以中正的道和真理的教遣派了他，必定使他战胜了其他一切宗教”。背面的铭文为“安拉是唯一的。安拉是永劫的，他不生育，也不被生”。边缘上一圈字为“以安拉的名义，这第纳尔铸于八十又三年”。这些铭文是引用伊斯兰教经典《可兰经》上的内容，八十又三年指的是回历纪元，相当于公元702年，也就是中国的唐代武后长安二年[1]。

这三枚阿拉伯金币是目前已知我国境内发现最早的伊斯兰铸币，它见证了阿拉伯和中国悠久的交往历史。早在汉代，中国人便知道阿拉伯的存在，张骞出使西域时，从安息人口中听知了阿拉伯的情形。其时中国人把阿拉伯称作“条枝”，《汉书·西域传》中记载“条枝国临西海，暑湿，田稻。有大鸟、卵如瓮。人甚众多，往往有小君长，安息役属之，以为外国。善眩。安息长老传闻条枝有弱水、西王母，亦未尝见也。自条枝乘水西行可百余日，近日所入云”。其后的东晋王嘉《拾遗记》中载：“章帝永宁元年（永宁乃汉安帝年号，永宁元年即 120 年，《拾遗记》此处有误），条枝国来贡异瑞。有鸟名［鵕］鹊，形高七尺，解人语。其国太平，则［鵕］鹊群翔。昔汉武时，四夷宾服，有献顺鹊，若有喜乐事，则鼓翼翔鸣。按庄周云，雕陵之鹊，盖其类也。《淮南子》云，鹊知人喜。今之所记，大小虽殊，远近为异，故略举焉。” 可见，我国史书中很早就有关于阿拉伯的记载。

610 年，穆罕默德在麦加创立了伊斯兰教。到他逝世时（632 年），一个以伊斯兰教为共同信仰的、政教合一的、统一的阿拉伯国家出现于阿拉伯半岛。到了他的四大弟子相继执政的“共和哈里发”时期，政教合一的体制已相当完备，并开始向昔日的宗主国——波斯萨珊王朝发动了进攻。当时萨珊王朝的君主提泽德三世于公元 638、639 年以及 647、648 年分别向当时统治中国的唐朝要求提供军事援助，但都被唐太宗拒绝。公元 651 年，提泽德三世被杀害于中亚阿姆河附近木鹿城的一座磨坊内。其子卑路斯逃亡至吐火罗，并于 675 年到达长安，萨珊波斯灭亡。同时，我国史料中出现了“大食”这一称呼，《旧唐书·大食传》云：“大

---

[1] 夏鼐：《西安唐墓出土阿拉伯金币》，《考古》1965 年第 8 期。

食国，本在波斯之西。……其众渐盛，遂割据波斯西境，自立为王。波斯、拂菻各遣兵讨之，皆为所败。永徽二年，始遣使朝贡。其姓大食氏，名噉密莫末腻，自云有国已三十四年，历三主矣”。又说其国“男儿色黑多须，鼻大而长，似婆罗门。妇人白皙”。“有文字，出驼马。”并道出了这一民族争勇好斗的习性，“兵刃劲利。其俗勇于战斗，好事天神”。唐高宗龙朔初年，大食击败波斯，控制西亚，进犯中亚、印度等地，势不可当。“龙朔初，击破波斯，又破拂菻，始有米面之属。又将兵南侵婆罗门，吞并诸胡国，胜兵40余万。……其时西域康国、石国之类，皆臣属之，其境东西万里，东与突骑施相接焉。”突骑施是7～8世纪盛唐时期活跃在葱岭以西的一个突厥部落，曾在唐王朝的支持下建立起强盛一时的汗国。由此可见，大食强盛之时的疆域之广阔。

（三）玻璃仙碗进流霞——阿拉伯玻璃器

法门寺位于陕西省扶风县城以北约十千米的地方，始建于东汉末年桓帝、灵帝年间，约有1700多年历史，有“关中塔庙始祖”之称。寺内原有13层明代八角砖塔一座，民国年间几经修葺。1981年8月，扶风降大雨，大雨致使本已倾斜了300多年的古塔的西南半部轰然倒塌，塔内所藏佛像跌落，佛经四处飘散，而另一半塔仍然屹立不倒。1987年，为重建此塔，陕西省考古研究所、宝鸡市文化局及扶风县博物馆联合组成考古队，在拆除原塔残余部分后，对塔基及外围进行了较大规模的发掘和清理。在寺内明代佛塔地基之下，发现一层唐代塔基。在唐代塔基西北角的清理和挖掘中，考古队刨开碎石，发现一个地洞。就这样法门寺地宫在沉睡了1000多年后，重新暴露在阳光下[1]。

---

[1] 陕西省考古研究院等：《法门寺考古发掘报告》，第7页，文物出版社，2007年版。

在法门寺地宫，考古人员发现了20件来自异域的玻璃制品。玻璃器上的纹饰有着典型的伊斯兰风格，造型精致，极尽华美。其中的玻璃盘被认为是世界上迄今为止发现最早的伊斯兰釉彩玻璃。唐代诗人元稹《咏琉璃》诗曰："有色同寒冰，无物隔纤尘。象筵看不见，堪将对玉人。"足见玻璃器在唐代乃珍罕之物。

法门寺地宫出土的20件玻璃器中，除了茶盏、茶托各一件具有典型中国造型，属中国自产以及几件素面盘难以确定产地外，其余皆具伊斯兰装饰风格，产地自地中海东岸至西亚地区。这些伊斯兰玻璃器多为精品，为外国使者所供奉，在当时价值高于金银器。这些玻璃器出土于地宫后室，绝大部分完整如新，按照法门寺出土《物帐碑》记载，系由唐僖宗（874～888年在位）供奉，咸通十五年（874年）正月藏入地宫，属李唐皇室的供奉之器。

1. 玻璃瓶

法门寺出土的玻璃器中，有一件盘口细颈淡黄色琉璃瓶。瓶身吹制成形，淡黄色，质地透明，有细小且密集的气泡。盘口细颈，溜肩，长圆腹，圈足，足底有疤痕。颈部有一圈凸棱。腹部贴有四排装饰，第一排是深蓝色琉璃同心圆状堆贴，第二排为六个黄色不规则五角星贴饰，第三排为六个莲芯样圆形贴饰，靠近底部的第四排为深蓝色"水滴"状堆贴。瓶内曾放置写有两行墨书的纸签一张，现仅可辨识的有"莲"、"真"二字，其余均残佚（图2-42）。

图2–42
扶风法门寺地宫出土盘口细颈淡黄色琉璃瓶

这件玻璃瓶所采用的贴丝工艺，

是将玻璃液拉成细丝，在玻璃丝冷却之前粘贴在器皿上。圆形饰是先用模子压成形，然后趁热贴在瓶身上。星状饰和水滴饰则是将融化的一小团玻璃料挑到瓶身，在冷却之前用工具在瓶身上拨拉成各种形状的纹饰。贴丝工艺始自罗马，后传至伊朗、阿拉伯，而圆形饰和星状饰都是伊斯兰时期比较流行的贴花形状。由此看来，这件玻璃瓶当是伊斯兰传入中国的物品无疑。

2. 玻璃盘

法门寺地宫出土了六件外形相似的刻纹蓝玻璃盘。其中的四瓣花蓝琉璃盘是具有代表性的器物。盘身深蓝色，透明度好，有小气泡，内外壁光洁，口微侈，浅腹，圆唇，盘心微凸。盘心刻出正方形，正方形内以斜平行线相交成菱形方格，并刻出细线间隔装饰小方块，做出明暗相间的立体效果。然后以正方形的每边为底边，刻出四枚尖瓣，刻成十字形四瓣团花。每个尖瓣内刻枫叶一片，外绕忍冬纹样。尖瓣与正方形的组合形似伊斯兰称为“默赫拉巴”的神龛。十字花的余白处，刻相背式忍冬折枝各一株。底纹全刻成细碎的斜平行线，突出了主题装饰（图 2-43）。另有八瓣团花纹蓝琉璃盘，蓝色，浅腹，平底。底部外有铁棒痕迹，盘心微凸。盘内有三重结构的刻花装饰：中心为圆圈，围绕中心的第一重为四尖叶组成的十字形四出花，又在四出花之余白刻出第二重四片尖叶，第三重则刻出八篇尖叶，形成一朵大团花。团

图 2-43 扶风法门寺地宫出土四瓣花蓝琉璃盘

图 2-44
扶风法门寺地宫出土八瓣团花纹蓝琉璃盘

图 2-45
扶风法门寺地宫出土八瓣团花描金蓝琉璃盘

花外有两同心圆圈，圆圈外装饰相连的弧形面一周，圈内刻出细密的平行线作为团花的底衬（图 2-44）。再如八瓣团花描金蓝琉璃盘，深蓝色，透明度好，有小气泡，出土时有淡黄色风化层，口沿外侈，浅腹，平底。外底心有使用铁棒痕迹，盘心微凸。盘内装饰为三重结构的刻花：中心有描金圆形规范，内刻八瓣莲花一朵；圆形规范外围绕描金波纹环一周，环弧内外的波谷中，各刻有类似“忍冬”的花头一朵；最外层为两个同心圆组成的描金环带。三重结构装饰内之余白，均填刻细密的平行线，使得主题纹样更为突出（图 2-45）。几件玻璃盘内所见纹饰都具有浓郁的伊斯兰风格。

刻纹是用比玻璃硬的尖头材料，一般认为是用钻石，在玻璃表面浅浅地刻划出单线条纹饰。这六件玻璃盘都以植物的枝叶和花朵为装饰主题，运用如十字纹、三角纹等各种纹饰，以及用做地纹的素描般的平行线，使得平面的盘内花纹更富有层次和装饰效果。其中的八瓣团花描金蓝琉璃盘等两件玻璃盘上，一些主要线条又描绘成金色，利用色彩学上的补色对比原理，使得盘上的刻纹图案更加夺目、华丽。

刻纹工艺是伊斯兰玻璃匠从罗马继承来的工艺之一，在伊斯兰流行一时。法门寺地宫出土的这六件刻纹盘保存完整，图案华丽，做工精美，是不可多得的珍贵文物。根据地宫出土物帐碑记载，这批刻纹玻璃盘是唐僖宗的供奉品，咸通十五年（874年）正月藏入地宫。这批琉璃盘的准确纪年，为研究同类文物提供了一个时间标尺，使其在艺术价值之外更具历史价值和学术价值[1]。

3. 玻璃杯

法门寺地宫出土的菱形双环纹直筒琉璃杯，浅黄色，透明度好，有气泡，下部有白色风化层，底部有铁棒痕迹，口微敛，尖唇，直筒形深腹，平底，杯心微凸。腹部有四组装饰，每组两侧各以一行联珠为界，置双环为中心的菱形于其中，菱形上下均饰品字状排列的凸圈纹（图2-46）。关于这件玻璃杯的制法，学界有着不同的观点。因为这件玻璃杯器形不太规整，当是用吹管挑起料泡，

图 2–46
扶风法门寺地宫出土菱形双环纹直筒琉璃杯

[1] 陕西省考古研究院等：《法门寺考古发掘报告》，第219页，文物出版社，2007年版。

印上纹饰后，脱离模子继续吹大到现在的尺寸，之后将底部粘在铁棒上，从吹管上剪下杯子，进一步修整杯口而成。这种模吹印花的技术，也是传自罗马。

伊斯兰玻璃制造技术传承自罗马帝国，对玻璃器的制造工艺起了承前启后的作用。法门寺地宫出土的伊斯兰琉璃，承接罗马和萨珊玻璃的传统，形成了贴花、刻花、印花、彩绘等自己独特的琉璃冷热加工工艺体系。这是我国发现纪年明确、器型完整、数量众多、时代最早的伊斯兰琉璃器，在世界现存的古代伊斯兰琉璃器中亦属罕见。自唐永徽二年（651 年）至贞元十四年（798 年），大食共遣使来朝 39 次。贞元十四年（798 年）后，河西走廊的丝绸之路沮滞，一直到唐僖宗乾符元年（874 年）的 77 年间，大食再没有遣使朝贡。因此这批琉璃很可能是经海上交通的“陶瓷之路”、“香料之路”输入中国的[1]。

（四）存心真主，教名清真——伊斯兰教

在西安市北院门化觉巷内，矗立着一座古色古香的建筑，它是西安规模最大的一座伊斯兰教寺院，称为化觉巷清真寺，又称清真大寺，始建于唐代。它是中国西北地区四大清真寺之一，被联合国教科文组织列为世界伊斯兰文物之一。该寺始建于唐天宝元年（742 年），称唐明寺；元中统年间重建，称回回万善寺；明洪武二十五年（1392 年）由兵部尚书铁铉又一次修葺扩建，称清修寺庙；清乾隆三十年（1765 年）教民再次募资重修，称清真寺。之后又经过几次重修和扩建，化觉巷清真寺逐渐形成了规模宏大、布局紧凑、庄严肃穆，兼有民族传统艺术风格和伊斯兰寺院特色的巨大古建筑群。其建筑风格体现了伊斯兰文化与中

[1] 陕西省考古研究院等：《法门寺考古发掘报告》，第 279 页，文物出版社，2007 年版。

国传统建筑艺术的有机统一，是迄今为止我国最具特色、保存最完整、最典型的中国式清真寺之一（图 2-47）。

图 2-47 西安化觉巷清真寺

寺内现藏有唐天宝年间户部员外郎王鉷所撰的《创建清真寺碑记》，文风肃谨端持，从天地之理、伦常之道方面将外来的伊斯兰教同中国的圣人之言统一起来，从侧面反映出中华文明海纳百川的胸襟和包罗万象的气度。碑文："西域圣人谟罕默德，生孔子之后，居天方之国，……圣道虽同，但行于西域，而中国未闻焉。及隋开皇中，其教遂入于中华，流衍散漫于天下，至于我朝天宝，陛下因西域圣人之道，有同于中国圣人之道，而立教本于正，遂命工部督工官罗天爵董理匠役，创建其寺，以处其众。而主其教者，摆都而的也。其人颇通经书，盖将统领群众，奉崇圣教，随时礼拜以敬天，而祝延圣寿之有地矣。是工起于元年三月吉日，成于本年八月二十日。"记载了创建清真寺的原因、目的、时间等信息，并且指出："惟圣人心一而道同，斯百世相感而不惑。是故四海之内，皆有圣人出，所谓圣人者，此心此道同也。……译语矛盾，而道合符节者，何也？其心一，故道同也。昔人有言，千圣一心，万古一理。信矣"。正是由于唐朝对外来

图 2-48 创建清真寺碑记

宗教包容并立的态度，使得不同地域、不同信仰的宗教文化得以在华夏大地上传播开来（图 2-48）。

著名史学家、伊斯兰教史研究前辈陈垣先生认为《创建清真寺碑记》为明代人假托唐代所立，唐天宝时，长安清真寺中可能原有王鉷之碑，后经年代久远，风雨侵蚀，镌文模糊，明代时重修清真寺，重树此碑，托王鉷之名，而为此新文。其中关于伊斯兰教传入中国的时间问题颇有待考证。

西安是有正史记载的伊斯兰教传入中国时间最早的一个城市。按照《创建清真寺碑记》“隋开皇中，其教遂入于中华，流衍散漫于天下”以及《明史·西域传》“隋开皇中，其国撒哈八撒阿的幹葛思始传其教入中国。迄元世，其人遍于四方，皆守教不替。”的记载，伊斯兰教可能于隋朝初年传入陕西。但事实上，伊斯兰教创立者穆罕默德从公元 610 年才开始在阿拉伯半岛传教，622 年因为避古莱氏人迫害从麦加出走到叶斯里卜（麦地那），630 年征服麦加，并于次年建立了伊斯兰国家，632 年去世。他去世之后，阿拉伯进入四大哈里发时期，在直到 644 年的十几年间，阿拉伯帝国一直忙于军事扩张，征服波斯萨珊，导致波斯人向北、向东流亡。我们知道，隋朝开皇年间为公元 581 年至公元 600 年，此时穆罕默德还未在阿拉伯半岛开始传教，传入中国是绝非可能的。甚至于在此后的几十年间，有组织的传教活动也不容易展开。陈垣先生在著名的《回回教入中国史略》一文中，将中国与大食互派使节作为伊斯兰教传入中国的标志。中国与大食的正式通使，始于唐高宗永徽二年（651年），在《新唐书》、《旧唐书》、《册府元龟》等史籍中均有记载。通过使节来往传播宗教或许可行，但宗教的传播不同于官方的来往，需要时间来传播、渗透和取信于民，这显然也不是短短几十年中便可办到的。

【叁】

朝阳一抹西山上，昨夜曾经照大秦

——欧洲篇

欧洲最早的人类居住遗迹可以回溯到公元前35000年，最早的有文字记载的文明在公元前1200年消失。公元前700年，古希腊文字再次出现，欧洲进入古典时期。公元前509年，罗马共和国建立。希腊文明传承到了罗马文化当中。395年，罗马帝国一分为二。476年，西罗马帝国皇帝被废黜，欧洲进入中世纪时期。中世纪早期，欧洲大多地区基督化，东罗马帝国（拜占廷）崛起，延续1000年之久。凭借武力和文化优势，欧洲成为在世界范围内文化影响最为深远的地区，从北非到西亚，再到中亚和印度，都留有欧洲文明的影子。

一、西方学艺盛希腊——希腊

公元前338年，生活在希腊文明边缘的马其顿人征服希腊所有城邦。马其顿新王——著名的亚历山大大帝崇尚希腊文化。作为欧洲历史上最伟大的军事天才，亚历山大在短短13年中，东征西讨，转战埃及、波斯、中亚、甚至印度地区，建立起一个地跨亚、非、欧三大洲的强大帝国，帝国西起希腊、马其顿，东到印度河流域，南临尼罗河第一瀑布，北至药杀水。随着帝国的不断扩展，产生了希腊文化向东方的传播以及与东方文化的交流，这一时期称为“希腊化时期”。马克思对此曾高度赞誉：“希腊的内部极盛时期是伯里克利时代，外部极盛时期是亚历山大时代。”这一时期，埃及文明、希腊文明、波斯文明、印度文明在强权的推动下相互碰撞、渗透、融合，文明的交流进入前所未有的新时代。亚历山大死后，亚历山大帝国分崩离析。但希腊的古典艺术和先进文明已随着帝国的扩张传入东方，并依托其强大的文化优势产生了深远的影响（图3-1）。

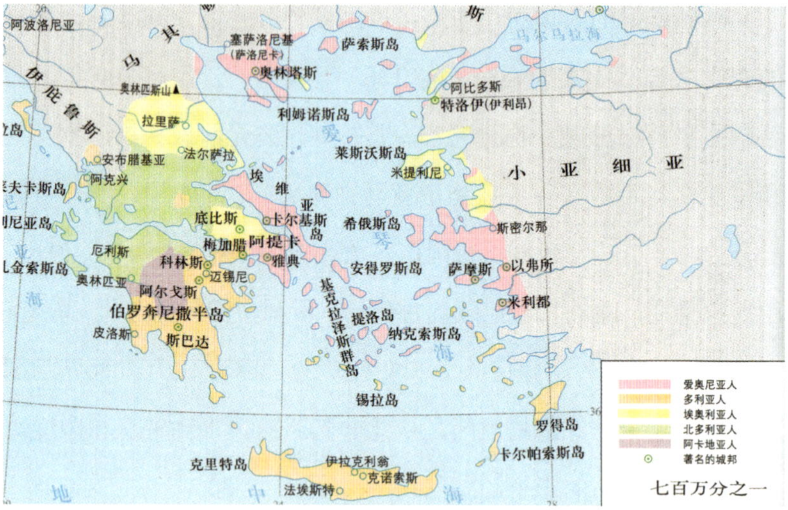

图 3-1 古代希腊城邦

（一）虎头虎尾一时收——“虎头帽”溯源

大约在北朝晚期，我国的佛教艺术中出现了戴虎头帽或者狮头帽的天王形象。隋唐时期，这种戴虎头帽的武士俑逐渐多了起来。1985 年，西安市灞桥区洪庆乡韦思谦墓出土一件唐代三彩武士俑，现藏于西安博物院。武士俑通高约 87 厘米，闭口睁目，左手插腰，右手握拳前举。身穿铠甲，足蹬长靴站立，足下踏一台式方形底座。肩有披膊，长圆形护胸，内套窄袖衫。外施绿、褐、白三色釉，色泽鲜亮，釉色对比强烈。头部为露胎粉彩，胎色白中泛红。比较引人注目的是该武士俑头戴兽头帽，帽沿两侧各有像虎或狮子的带爪前肢，交叉在武士胸前。虎头帽的背后，还连有一条尾巴（图 3-2）。

根据台湾中央研究院历史语言研究所邢义田先生的研究，这种虎头帽的武士形象源头是希腊神话中的大力神赫拉克利斯。赫拉克利斯是希腊神话中的主神宙斯之子，他凭借超人的勇气和智慧，完成了 12 件艰难的任务。当时在基太隆山脚下，国王安菲特律翁的牧场，有一头可怕的狮子为非作歹，赫拉克利斯全副武装，爬上了荒山，打死了狮子，剥下狮皮，披在肩上，然后又把狮头割下来作头盔。他拥有多件神赐的武器，最著名的是橄榄木制成的棍棒。希腊、罗马的壁画、陶瓶、钱币等物品上的赫拉克利斯形象，多为头戴狮头帽，狮子两个前爪交叉搭于胸前，手拿橄榄树棍棒。

图 3-2
西安洪庆韦思谦墓出土唐三彩武士俑

亚历山大东征促进了希腊文明和印度文明的融合，使得这种狮头帽的形象率先传入印度。亚历山大和他的家族深信他们是赫拉克利斯的后裔。亚历山大本人则常常以赫拉克利斯的形象出现，在铸造的钱币和这一时期的雕塑中，他将自己打造成头戴狮头帽的赫拉克利斯。这一形象传入至深受希腊文化影响的犍陀罗，并同当地佛教相结合。在犍陀罗，赫拉克利斯形象转变成护卫佛主释迦牟尼的金刚神，手中的橄榄树棒也变成了金刚杵，因而佛教的金刚和天王造像中出现了许多身披狮皮或头戴虎头帽的形象。这一形象又随着佛教的流传进入中国，唐代墓葬中多有头戴虎头帽或狮头帽的武士形象出土。

1972 年，唐昭陵尉迟敬德墓出土戴虎头帽的彩绘武士俑和将军俑各一尊。尉迟敬德墓位于陕西礼泉昭陵东南约 20 千米处，县城东北约 18 千米的烟霞新村。该墓的发掘工作自 1971 年 10 月开始，1972 年 1 月结束。墓葬出土的彩绘武士俑身穿淡蓝色明光铠，胸前两圆护为红色，左手贴胯间，右手屈腹前，呈持兵械状，头戴一顶虎头帽。可见，唐代的虎头帽已从佛教中的天王形象中分离出来，同世俗文化更多地结合在一起（图 3-3）。

图 3-3 尉迟敬德墓出土彩绘虎头帽武士俑

1971 年，陕西省博物馆和乾县文教局对位于乾县的懿德太子墓进行了联合发掘。懿德太子李重润，是唐中宗李显和韦皇后长子，武则天大足元年（701 年）因张昌宗构陷，为武则天所杀。中宗即位后，追封为懿德太子，陪葬乾陵。懿德太子墓所出虎（狮）头风帽男立俑，头戴虎（狮）头风帽，身穿札甲，甲绘红色或绿色，双手拱立。1995 年，陕西省考古研究所在陕西省富平县发掘的唐节愍太子墓也出土了类似器物。节愍太子李重俊是唐中宗李显第三子，神龙三年（707 年）因发动兵变被杀，唐睿宗即位后，追赠节愍太子。节愍太子墓出土的武士俑，头戴白色虎（狮）头帷帽，下披至颈四周。俑面施淡红粉，浓眉杏眼，上身着灰色窄长袖衫，外套贴身铠甲。双臂弯曲，两手微握，着长裤。另出土一件持物武士俑也戴虎（狮）头帽，下护至胸，上身内穿绿色衫，外窄袖长袍，披甲衣，有护肩，胸前束有两条甲绊。下着白裤。

左右手皆握拳上举。无论是懿德太子墓，还是节愍太子墓所出这一类武士俑，虎（狮）头风帽之后都没有尾巴，也没有交叉系在颈下的虎（狮）爪。可见，虎（狮）头帽在传入中国之后，逐渐演化成风帽的模样，仅保留了虎（狮）头造型（图 3-4）。

图 3–4 懿德太子墓出土虎头风帽武士俑

邢义田先生认为，赫拉克利斯的神话流行于地中海世界，最远曾传入中亚一带。但是，再往东走，就进入佛教的文化势力范围，原汁原味的希腊神话难免掺杂当地因素而变质走味，从西域进入中原的东西又加上一层西域因素，变质走味的可能就更厉害。在唐代文献和造型艺术里，我们已经见不到任何和赫拉克利斯有关神话的蛛丝马迹，但他变身为金刚神，随着佛教艺术进入中国，其形象作为一个艺术造型被开放和乐于接受外来事物的唐代工匠所接受[1]。在文化传播过程中，艺术形象发生的变形是长期的、缓慢的，甚至脱离原有涵义，在与当地文明相结合后，仅保留部分外观特征。这也是文化传播过程中最难寻根溯源的部分。

（二）衔云酒杯赤玛瑙——镶金兽首玛瑙杯

镶金兽首玛瑙杯出土于西安何家村窖藏，现为陕西历史博物馆镇馆之宝。该玛瑙杯为俏色玛瑙质地，玛瑙由红、棕、白三色相杂。杯身形状如伏卧的兽头。竖直的一端雕成杯口，另一端雕成兽首形状，兽首圆瞪双眼，目视前方，兽头顶端伸出两只弯曲的羚羊角，角的另一端连接至杯口沿下方，两只兽耳高高竖起，微微内收，兽嘴为一镶嵌的金塞，能够卸下，内部有流，杯中的酒可自流中泄出。此杯雕琢工艺极其精细，通体呈玻璃光泽，晶莹瑰丽（图 3-5）。

图 3-5 何家村窖藏出土镶金兽首玛瑙杯

镶金兽首玛瑙杯是何家村遗宝中比较奇特的一件珍品。对于

[1] 邢义田：《立体的历史：从图像看古代中国与域外文化》，第 151 页，生活·读书·新知三联书店，2014 年版。

它的产地和年代，学界不仅有争议，而且争议极大。类似这种形状的杯最早称为角杯，早在新石器时代，我国已有陶制角杯，但形制和镶金兽首玛瑙杯相距较大，角杯的底端都没有兽首，也没有流。克里特岛在公元前 1500 年已经出土过类似器物，但当时其下部并无兽首，传入希腊后才被加上这种装饰。希腊人将其称为“来通”（rhyton），是从希腊语中的“流出”派生出来的。后传入亚洲，并广泛流行于美索不达米亚平原至中亚的广大地区。[1] 美国赛克勒美术馆曾收藏了一件“来通”，外形上与镶金兽首玛瑙杯十分相似（图 3-6）。

图 3-6 美国赛克勒美术馆藏来通

关于镶金兽首玛瑙杯的来源，许多学者都曾做过考证，有学者认为它是古代伊朗萨珊时期的制品，也有学者认为它同粟特一带的“来通”十分相似。细节问题本书暂不予考证，但玛瑙兽首杯的造型在中国仅此一例，属地道的“来通”式样，“更可能是外来器物，而不是仿造品”[2]。其在反映中西方文化交流上的意义，是不言而喻的。

二、拂菻迢迢四万里——罗马

公元前 9 世纪初，古罗马文明在亚平宁半岛兴起，经历了王政时代。公元前 6 世纪前后，罗马建立了共和国，逐步征服了意

[1] 孙机：《中国圣火——中国古文物与东西文化交流中的若干问题》，第 178 页，辽宁教育出版社，1996 年版。

[2] 齐东方：《何家村遗宝与丝绸之路》，《花舞大唐春——何家村遗宝精粹》，第 38 页，文物出版社，2003 年版。

大利半岛。在经历了三次布匿战争后，公元前 2 世纪，罗马成为地中海的霸主。共和晚期，罗马出现了前三头同盟——克拉苏、庞培与恺撒和后三头同盟——屋大维、安东尼与雷必达。公元前 27 年，元老院授予屋大维“奥古斯都”的称号，建立元首制，进入帝国时期。在公元 1 世纪前后，罗马成为横跨亚、非、欧三洲的大帝国。

公元 323 年，君士坦丁统一了罗马帝国，并于公元 330 年，迁都拜占廷，改名君士坦丁堡。公元 395 年，罗马帝国分为东、西两部，东罗马帝国都城为君士坦丁堡，又称拜占廷帝国；西罗马帝国都城为梅蒂奥拉努，后迁至拉文纳。476 年，西罗马帝国灭亡。东罗马帝国（拜占廷）却发展昌盛，成为对后世及当时世界影响最大的国家之一。

拜占廷帝国包括今土耳其首都伊斯坦布尔为中心的巴尔干半岛及其周边地区，首位皇帝为阿卡狄乌斯，他是罗马帝国的最后一个皇帝狄奥多西一世的儿子。在东罗马帝国 1000 多年的统治中，共经历 12 个王朝，83 位皇帝。公元 1453 年 5 月，奥斯曼帝国苏丹穆罕默德二世率军攻入君士坦丁堡，东罗马帝国正式灭亡（图 3-7）。

图 3-7 拜占廷帝国

拜占廷帝国前后经历上千年历史，在被称为“黄金时期”的查士丁尼一世时期，控制过的最大领土面积为270万平方千米，人口最多时达到3400万。它拥有发达的农业、手工业和商业，而拜占廷帝国金币同萨珊银币一起，曾在很长一段时期内作为丝绸之路上的通用货币使用。文化上，拜占廷帝国受希腊文明影响，融合罗马的政治传统和基督教教义，创造了独具风格的拜占廷文化。其政治制度、文化思想、艺术宗教对欧洲后来的文艺复兴运动产生了巨大影响，因此有人曾说“在拜占廷帝国的废墟上，诞生了西欧的新世界”。

（一）名利最为浮世重——中欧交流与出土钱币

罗马对中国最早的认知始于丝绸，因而中国又被欧洲称为“赛里斯”，意为丝国。中国的丝绸在罗马社会相当盛行，直接促进了双方贸易的发展。

公元1世纪以前，罗马帝国和中国汉朝之间并没有人员间的直接往来，商业贸易全是依靠以帕提亚（安息王朝）和印度等地为主的中间人来完成。

公元前2世纪，时值西汉武帝时期，使臣张骞奉命出使西域，开辟了丝绸之路，开启了东西方文化的交流与融合。中国与罗马最早的交流始于东汉和帝时期，两国贸易来往主要集中在以今天的土耳其首都伊斯坦布尔为中心的巴尔干半岛及其周边地区。

公元97年，班超派甘英出使大秦。大秦是古代中国对罗马及近东地区的称呼。据《后汉书·西域传》记载：“大秦国一名犁鞬，以在海西，亦云海西国。地方数千里，有四百余城，小国役属者数十。以石为城郭。列置邮亭，皆垩塈之。有松柏诸木百草。……所居城邑，周圜百余里。……其王无有常人，皆简立贤者。……其人民皆长大平正，有类中国，故谓之大秦。……土多金银奇宝，有夜光璧、明月珠、骇鸡犀、珊瑚、虎魄、琉璃、琅玕、朱丹、青碧。……合会诸香，煎其汁以为苏合。凡外国诸珍异皆出焉。”此时的大秦，同中土已多有间接的经济文化交流，其所产珠宝、珊瑚、琥珀等辗转流入中国，直至后代，“大秦珠”仍是诗人笔下常见的珍宝之一。

学者普遍认为，甘英所到达的大秦并不是真正的罗马帝国，而是波斯湾沿岸。这次出行由于受到安息的阻扰而折返，因为安息人在中国与罗马的交流当中起到桥梁作用，若汉朝直接与罗马建立对接关系，安息人将无利可图。甘英虽未能达到大秦，但其影响已深入至罗马帝国的亚里山大里亚。

中国与大秦之间的最正式且直接的往来是东汉和帝时期罗马使团入华。据《后汉书•和帝纪》记载：永元十二年（100年）“冬十一月，西域蒙奇、兜勒遣使内附，赐其王金印紫绶”。近来学者们研究认为，《后汉书》之“蒙奇”就是马其顿的音译，“兜勒”应为推罗之音译，是地中海滨的著名商埠点。桓帝延熹九年（166年），“大秦王安敦遣使自日南徼外献象牙、犀角、瑇瑁，始乃一通焉。其所表贡，并无珍异，疑传者过焉”。此时的大秦应为安敦尼国王治理时期，来华使节实为大秦商人假托，为求获得更多赏赐，东汉的官员对此已经起疑。这是一次明确记载的中国与罗马的海路往来。

据《梁书•诸夷传》载，三国时期“孙权黄武五年（226年），有大秦贾人字秦论来到交趾，交趾太守吴邈遣送诣权。权问方土谣俗，论具以事对”。后孙权遣派“男女各十人，差吏会稽刘咸送论，咸于道物故，论乃径还本国”。中国此次向罗马派遣使团，因刘咸的病故未能成行。《三国志》引《魏略•西戎传》中记载中国至罗马有两条路，一条为“从安息界安谷城乘船，直截海西”，另一条“从安息绕海北到其国”。可见，中国与罗马的往来在三国时期已极为繁盛。

西晋“武帝太康中，其王遣使贡献”。这次朝贡发生在西晋武帝司马炎太康五年（284 年），也是魏晋史籍中的唯一一次来访记载。

北魏时期，东罗马帝国被称为“普岚”。据《魏书》记载，文成帝太安二年（456 年），“普岚国遣使朝献”，以及和平六年（465 年），“普岚国献宝剑”。献文帝皇兴元年（467 年），普岚使者来华。

隋唐时期，拜占廷帝国又被称为“拂菻”，据《旧唐书·西戎传》记载：“拂菻国，一名大秦，在西海之上，东南与波斯接，地方万余里，列城四百，邑居连属”。据《隋书》中言，在隋炀帝时，自敦煌至西海有三道，其中“北道从伊吾，经蒲类海铁勒部，突厥可汗庭，度北流河水，至拂菻国，达于西海”。

唐代的中国是世界瞩目的大国，胡商通过陆路和海路纷纷来华进行贸易活动，以致当时的长安城商贾遍地，据说在长安城居住的外国人和少数民族已达 5 万人之多。唐代时，罗马向中国遣使更为频繁，这当然是和当时唐王朝国力的强盛分不开的。贞观十七年（643 年），“拂菻王波多力遣使献赤玻璃、绿金精等物，太宗降玺书答慰，赐以绫绮焉”。高宗乾封二年（667 年），“遣使献底也伽”；武则天大足元年（701 年），“复遣使来朝”；玄宗开元七年（719 年）“正月，其主遣吐火罗大首领献狮子、羚羊各二，不数月，又遣大德僧来朝贡”。另据《册府元龟》记载，睿宗景云二年（711 年），“拂菻国献方物”，天宝元年（742 年），“拂菻国王遣大德僧来朝”。

在公元 751 年的怛罗斯之战中，唐朝战败，阿拉伯人完全控制了中亚地区。截断了拜占廷与中国的往来通道，故在天宝元年以后，中国的史籍中再无拜占廷帝国遣使的内容，中国与罗马的官方交往也从此中断。

罗马金银币在中国境内的发现，是中国同古罗马经济交流的实证，为研究中西方之间的贸易往来提供了资料。罗马金银币正面为当时皇帝的正面像，铭文中包含有皇帝的名字，背面多为胜利女神像，正反面均有图像及文字内容。在拜占廷帝国先后经历的12个王朝中，利奥王朝、查士丁尼王朝、希拉克略王朝等的金币在陕西都有出土。

1. 罗马金币

①利奥王朝金币

西安出土的利奥王朝时期金币较为丰富，利奥王朝的后三位国王所铸的金币或者仿制品均有发现，尤其以阿纳斯塔修斯一世时期金币最多。1998年9月，李生程先生在陕西定边县安边镇农民手中收集到一枚利奥王朝时期金币。金币上部焊一金环，下部有一孔。两面图像互为倒置，正面为帝王半身像。帝王头戴盔，盔顶有翎羽耸立，冠缨飘带两股自脑后向右上翘，颈后露卷发，身着交领铠甲，外加开襟战袍。右手持标枪扛于右肩，枪尖露于左侧鬓边，左手执盾。币上圈顺时针列有铭文。背面为胜利女神，略作右侧面立姿，头部被钻孔。右手持长柄十字架，左手下垂，背左侧生双翅，靠翅中部有一芒星，下裹裙，足蹬高脚鞋[1]。据羽离子先生研究，金币铭文中表示皇帝名字的LENO应为ZENO，即为芝诺皇帝[2]。

芝诺（474～475年在位，476～91年复位）为利奥王朝的第三位皇帝，在位期间因瓦西里斯库斯逼迫而逃亡，后在其他蛮族的协助下又再度控制朝政。公元489年，芝诺与蛮族达成协议，废除了西罗马皇帝。

---

[1] 李生程：《陕西定边县发现东罗马金币》，《中国钱币》2000年第2期。

[2] 羽离子：《对定边县发现的东罗马金币的研究》，《中国钱币》2001年第4期。

西安长安唐墓曾出土一枚瓦西里斯库斯时期金币。这位皇帝在位时间较短，发行金币数量不多。币略有剪边。正面为皇帝的微向右侧胸像，头戴冠盔，皇冠顶部有三叶形饰物，缨带结于脑后，两端向上卷曲；盔顶饰有羽毛；身着束腰外衣，外罩胸甲；右手持矛，矛头从脑后露出，矛柄以联珠纹表示；左手持盾，挡于身侧，位于左肩下方，盾面的图案隐约为一骑士刺杀落地敌人像；背面图像为一胜利女神侧身向左行进，手持一镶满珠宝的长柄十字架，胜利女神背后的空档处有一颗星。此枚金币应为瓦西里斯库斯与其子马库斯共治期间发行的[1]。

瓦西里斯库斯（475 ～ 476 年在位）是利奥王朝的第四位皇帝。瓦西里斯库斯与其子马库斯共治期间为 475 年夏末到 476 年 8 月。瓦西里斯库斯为利奥一世遗孀的兄弟，他在位仅 20 个月。他与前任芝诺皇帝所持的立场对立。公元 476 年，芝诺皇帝在蛮族协助下重登帝位，瓦西里斯库斯被处决。

西安还出土过两枚阿纳斯塔修斯一世时期金币和两枚仿制品。一枚真品 1979 年出土于西安西郊劳动南路西安飞机场，另一枚真品 1979 年 12 月征集于西安市东郊金属回收公司。一枚仿制品 1966 年 1 月出土于西安南郊西何家村唐墓，另一枚仿制品 1989 年 7 月出土于西安东郊唐陈感意墓。

劳动南路出土金币正面是皇帝的半身像。铭文的中间几个字母残缺。背面为胜利女神像，身向右微转，背长双翼。右手持长柄十字架，右手下方有一颗闪光的星，女神像左右与下方有铭文[2]。有学者研究认为，铭文的字母中存在书写错误[3]。此枚金

[1] 郭云艳：《中国发现的拜占廷金币及其仿制品研究》，第 49 页，南开大学博士论文，2006 年。

[2] 王长启、高曼：《西安新发现的东罗马金币》，《文博》1991 年第 1 期。

[3] 姜宝莲、袁林：《陕西发现外国金银币述略》，《新疆钱币》2004 年第 3 期。

图 3-8 西郊劳动南路出土金币

币为阿纳斯塔修斯一世金币（图 3-8）。

1966 年 1 月，西安南郊西何家村唐墓出土一枚阿纳斯塔修斯一世时期金币仿制品。金币正面是皇帝的半身像，头部微向左转。带圆形冠，脑有冠缨飘带。身穿铠甲，外加战袍，右手持一标枪，扛在右肩上，枪端露于左侧鬓边，左手持盾，盾面图案为一个骑士，以矛刺敌，周围有一圈铭文。背面中央为一天使像，背有双翼，右手持长柄十字架，左手下方有一颗闪光的星[1]。据郭云艳先生研究，此枚金币的正面与阿纳斯塔修斯一世金币相同，而背面却有不同，应为公元 522 年以后，根据阿纳斯塔修斯一世索里得的正面与查士丁一世的背面样式，将两者合铸到一起的仿制品[2]（图 3-9）。

阿纳斯塔修斯一世（491 ～ 518 年在位）是利奥王朝的最后一位皇帝。他同前任皇帝芝诺的遗孀阿利雅得尼结婚，在她辅助下平息了伊苏利亚党人的叛乱，维持统治达 27 年之久。阿纳斯塔修斯虽然不是利奥家族成员，但是他能力超群，治国有方，统治期间积极从事财税制度改革，发行优质铜币，并变国有土地为

[1] 王长启、高曼：《西安新发现的东罗马金币》，《文博》1991 年第 1 期。
[2] 郭云艳：《两枚拜占廷金币仿制品辨析》，《考古与文物》2008 年第 3 期。

图 3-9 何家村唐墓出土金币

皇家产业，扩大了国家税户，国库因此充盈。公元 515 年，阿利雅得尼病故，两年半后即 518 年，阿纳斯塔修斯无嗣而终，利奥王朝统治结束，同时也标志着罗马君士坦丁时代的结束。

②查士丁尼王朝金币

1953 年发掘的咸阳底张湾独孤罗墓曾出土过一枚查士丁二世金币。独孤罗为北周柱国大将军独孤信之子，大姊为北周明帝宇文毓的皇后；四姊下嫁北周安州总管、柱国大将军、唐元皇帝李昞（李渊之父），后被追封为元贞皇后；七妹为隋文帝杨坚的独孤皇后，独孤皇后长女杨丽华又是北周宣帝宇文兴的皇后。因此独孤氏为周、隋、唐三朝皇亲国戚。独孤罗死于隋开皇四年（599 年），终年 66 岁。其妻贺若氏名厥，死于唐武德四年（612 年），终年 63 岁，与独孤罗同葬于一地。独孤罗墓出土的金币两面都有图像和铭文。正面是王者的正面半身像，头戴有羽毛饰物的头盔和珠饰的皇冠，两耳侧垂珠。身着胸甲，上衣系交领的外衣，皱摺处和边缘的轮廓线依当时惯例用联珠式的小点来表示。右手执王杖，杖端似饰以站立着的正为皇帝加戴花环的胜利女神人像。左手所执的似为一圆球物。皇帝左肩处有一块骑兵使用的盾牌，面部留有短胡须。周缘边沿稍高起；背面为一戴盔胄的女神像，坐于一宝座上，身稍偏向左方。右手执杖，左手托一上置有十字架的地球，座下和四周有铭文[1]。金币周缘边沿也稍高起。靠近边沿的地方有一钻透的小孔，正面恰在王冠顶端，背面在宝座下，损坏了铭文中字母N字。这孔是后来为系线作坠饰用而钻成的[2]。

1988年发掘的独孤罗夫人贺若厥墓也出土过一枚查士丁二世金币。金币正面为皇帝半身像，头稍偏，戴盔，盔顶饰羽。冠两侧垂珠，右肩扛短矛，左手持盾。皇帝着交领外衣，外衣按惯例用联珠纹表示，左右两侧有铭文。币背面为双翼胜利女神，女神右手持长柄十字架，左手托球，球上有一小十字架。周围也顺时针排列铭文一圈[3]（图3-10）。

图3–10 贺若厥墓出土罗马金币

1993年8月，商州市商洛行署基建工地还出土一枚形似查士丁二世金币的仿制品。金币位于墓主颈部内侧。金币正面为一王者的半身像。王者头载宝冠，稍向左侧身，右手斜持矛头权杖。自王者右手起有铭文展开，铭文中段脱压；背面为一身着长袍，目视右方，体态轻盈的女神像。女神右手托一圆球，圆球上有十

[1] 陈志强：《咸阳底张湾隋墓出土拜占廷金币的两个问题》，《考古》1996年第6期。

[2] 夏鼐：《咸阳底张湾隋墓出土的东罗马金币》，《考古学报》1959年第3期。

[3] 张海云：《咸阳唐贺若氏及隋独孤罗夫妇墓出土的东罗马金币》，《中国钱币》1998年第4期。

字架，左手置于腰间，垂手所提之物莫辨。周围有铭文一周，右半边脱压。金币边沿钻有一小孔，当是死者生前为系带所为[1]。

查士丁二世（565～578年在位）是查士丁尼王朝的第三位皇帝，查士丁尼一世妻子狄奥多拉皇后的侄女婿兼养子。公元568年，阿瓦尔人和伦巴底人攻击拜占廷帝国西部防线，打通了意大利的道路。拜占廷帝国在西班牙的领地也遭到西哥特人的袭击；另一支阿瓦尔人渡过多瑙河，对帝国首都构成直接威胁。572年，拜占廷在与波斯人对阵中遭到大败。查士丁二世晚年因内忧外患而得了精神病。在皇后索菲亚的劝说下，于574年任命提比略二世为共治皇帝[2]。

③希拉克略王朝金币

1970年，西安南郊何家村窖藏中出土一枚希拉克略金币。金币正面为头戴王冠、肩披甲袍的国王半身像，左侧是希拉克略，右侧是他的儿子。背面有末端为西字形的十字架和四级台座，周缘有铭文（图3-11）。

此外，1956年，西安西郊土门村唐墓还出土一枚希拉克略金币的仿制品。正面没有铭文，仅有半身像，图形和希拉克略所

图3-11 西安何家村窖藏出土金币

[1] 王昌富：《商州市北周、隋代墓葬清理简报》，《考古与文物》1997年第4期。
[2] 陈志强：《拜占廷帝国通史》，第129页，上海社会科学院出版社，2013年版。

铸金币相同。左侧像是他自己，右侧是他的儿子。两人都头戴王冠，冠上有十字架，身上有披于肩上的甲袍。两个王冠之间的空隙处有一十字架[1]。

希拉克略(610～641年在位)是希拉克略王朝的第一位皇帝。希拉克略是非洲迦太基总督老希拉克略之子，年轻时曾随其父经略非洲马格里市地区。面对帝国内外交困的局势，希拉克略制定和推行了一系列的社会改革措施，包括调整中央政府机构，整顿财政系统，加强军队建设即效仿迦太基总督区实行军区制。希拉克略在位期间最大的战争持续了五年之久，最后拜占廷帝国取得重大胜利，困扰拜占廷人数百年的波斯入侵问题终于得到了圆满的解决。[2]

2. 罕见的罗马银币

2003 年 5 月，在西安附近几十千米的一个窖藏内出土了五枚罗马银币，银币中有三枚现收藏于西安，另有两枚已流入新疆地区。窖藏同出有隋代五铢钱和萨珊银币，判断其埋藏年代应在公元 7、8 世纪左右。

银币正面为查士丁头戴束发盔褶衣佩甲右胸像。币缘为大珠圈，背面是查士丁头显光环面右站像，右手持权杖（或长矛），左手持十字球。前方有模糊芒星。据学者判断，此枚银币应为查士丁二世米里亚伦斯银币[3]。

3. 金银币的使用

2003 年 6 ～ 10 月，西安未央区大明宫乡井上村东的北周史君墓出土了一枚拜占廷金币仿制品。金币双面打押，不能分辨正

[1] 夏鼐：《西安土门村唐墓出土的拜占廷式金币》，《考古》1961 年第 8 期。
[2] 陈志强：《拜占廷帝国通史》，第 132 页，上海社会科学院出版社，2013 年版。
[3] 李铁生、霍利峰、夏润峰：《中国首次发现拜占廷银币》，《中国钱币》2006 年第 2 期。

背面，以A、B面表示。A面图像较模糊，经辨认似有一人面向左侧，侧身，手执一地球，地球上有一十字架。周围有一周铭文，铭文从左起至右结束，左侧上部铭文已完全不清；B面中央似为一站立人像，头部呈不规则三角状，面目不清。身左侧有长羽，羽上有芒星，左手举一长十字架，脚下有一横杠。周围有拉丁字母，仅能分辨出少部分。据罗丰先生研究，A面金币所模仿的是拜占廷金币的背面，即狄奥多西二世宣誓典礼金币。B面金币仿制样本大约与A面同时或稍晚一点的马尔西安或利奥一世时期[1]。郭云艳先生对金币B面的原型提出了不同的观点，认为其仿制原型应为阿纳斯塔修斯一世金币[2]（图3-12）。

图3-12 西安北周史君墓出土金币

2004年4月，西安北郊北周康业墓出土一枚查士丁一世金币。金币正面为国王半身像，头戴连珠纹王冠，右手握一长矛形权杖于肩上，边缘有铭文。背面中央立一天使，肩生双翼，右手持十字架，左手握地球，其上有十字架，边缘和下部均有铭文[3]（图3-13）。

此外，2005年9月，西安北郊南康村李诞墓（关于史君、康业、

[1] 罗丰：《北周史君墓出土的拜占廷金币仿制品析》，《文物》2005年第3期。

[2] 郭云艳、曹琳：《关于西安北周史君墓出土金币仿制品的一点补充》，《文博》2007年第6期。

[3] 西安市文物保护考古所：《西安北周康业墓发掘简报》，《文物》2008年第6期

图 3-13 西安北周康业墓出土罗马金币

李诞其人及国属等问题，详见本书中亚篇）也出土一枚东罗马查士丁尼一世金币[1]。

粟特人墓葬中出土的罗马金币，多为手握或口含，这一现象或与其葬俗有关。此外，流入中国的罗马金币中，还有许多是仿制品，这些仿制品或单面仿制，或仿制为正反面各有一个皇帝像，这种仿制品的制造和使用也或与粟特人有关。

金银币的大量出土必然昭示着中国与西方之间频繁的经济往来与交流。罗马金银币为“黄金”制作，据《旧唐书·食货志》记载：“古者以珠玉为上币，黄金为中币，刀币为下币。……今之钱，即古之下币也”。既然金币为“中币”，自然具有一定的货币功用，但拜占廷金币仅应在一定时期和一定区域内流通。陕西境内发现的罗马金银币应只能作为佩戴和装饰之用，作为财富的象征。

（二）金杯仙酝赏重阳——罗马高足杯

高足杯为唐代饮酒用具。一般分为上下两部分，上为杯体，

[1] 程林泉：《西安北周李诞墓的考古发现与研究》，《西部考古（第一辑）》，三秦出版社，2006 年版。

平面呈圆形或多曲圆形，腹深大于或小于口径，圜底下接较高的器足。高足的上部很细，有的器物高足与杯体相接处有圆托，高足中部一般有“算盘珠”式的节，下部向外撇呈喇叭状。杯体用来盛装液体，器足具有放置和使用时手执的功能[1]。

高足杯并不是中国所特有的，而是西方输入的外来器物。据齐东方先生研究，“高足杯最初应是罗马风格的器物，拜占廷时仍沿用。唐代的高足杯类，可能源于拜占廷的影响。当然，由于萨珊控制着中国通往拜占廷的要道，不能排除这种影响是间接的”[2]。

高足杯上常见的装饰纹样有缠枝花草、狩猎和各种动物纹，这些纹饰是唐代传统金银器中的常见纹饰。可见，在高足杯传入中国后，唐代的工匠也曾对其进行过符合中国民众审美观的改造。

现藏于陕西历史博物馆的狩猎纹高足银杯是西安何家村窖藏中具有罗马风格的一件唐代金银器。杯身通体以鱼子纹为地，纹饰分为三组：上部及下部均为波浪形缠枝纹，而中部的狩猎图是器物的主体纹饰，描绘了两个狩猎场面：其一为一人骑马转身向后射箭，后面一人骑马向前射箭，两者之间为一头野猪。其二为一人在马上转身将弓挟在怀中，注视着身后，而后面的骑马者箭刚离弦，射中马前方一头小鹿，箭头已穿透鹿身，此鹿上方还有一头惊恐万状的鹿，前方则为一只正在逃跑的狐狸。高足中部算盘珠式节上錾刻一周联珠纹，下部的喇叭形底座表饰四朵桃形花结，器底刻有“马舍”二字。

银杯分三部制作而成，捶揲成型。杯体后经打磨抛光，再錾刻纹饰。托盘中间留孔，高足中部的算盘珠节及下部的喇叭形底座为一次制作。杯体与托盘为焊接，焊接口仅为托盘口沿，口沿

[1] 齐东方：《唐代金银器研究》，第 38 页，中国社会科学出版社，1999 年版。

[2] 齐东方、张静：《唐代金银器皿与西方文化的关系》，《考古学报》1994 年第 2 期。

截面呈内低外高的弧形，与杯底弧度吻合；托盘与高足为铆接，即将高足上部的细管插入托盘的孔中，再将其端部锤打开，使高足与托盘自然铆合（图 3-14）。

图 3-14
何家村出土狩猎纹高足银杯

1963 年，西安市东南郊沙坡村窖藏出土了 15 件唐代金银器，其中的两件高足银杯十分精美：一件是狩猎乔木纹高足银杯，现藏于北京故宫博物院，杯体捶揲成型，花纹平錾，鱼子纹地。杯身主体纹饰为四名弯弓扬鞭骑马驰骋的狩猎者，每匹马之间隔以乔木花树，马匹周围有獐、鹿、兔、狐。杯颈有缠枝卷叶二方连续图案，杯底有四组抱合式的忍冬卷草。承盘沿为小回旋式卷草，承盘底则为八只莲瓣，圆箍上为联珠纹，圈足面为四组忍冬花结[1]（图 3-15）。另一件是莲瓣花鸟纹高足银杯，现藏于中国国家博物馆，体型较小，足底为花瓣形，纹饰装饰面以九瓣划分（图 3-16）。

图 3-15
沙坡村窖藏出土狩猎乔木纹高足银杯

1982 年，西安韩森寨纬什街电车二场唐代窖藏出土了一件蔓草花鸟纹高足银杯，现藏于陕西历史博物馆。足沿为花

[1] 韩伟：《海内外唐代金银器萃编》，第 177 页，三秦出版社，1989 年版。

图 3-17

西安韩森寨纬什街出土蔓草花鸟纹高足银杯

图 3-16

沙坡村窖藏出土莲瓣花鸟纹高足银杯

瓣形，杯身以折棱为界錾上下两层花瓣，上部錾 14 枚尖莲瓣，下部錾 14 枚桃形瓣，喇叭形圈足面亦被划分为 10 瓣。每瓣内饰萱草纹以及鸳鸯、喜鹊、鸿雁等飞鸟纹，花瓣边沿以忍冬花纹装饰（图 3-17）。

1957 年 8 月，西安市玉祥门外发掘了一座隋代石椁墓。据出土墓志记载，墓主为李静训，陇西成纪人，其曾祖父李贤，任北周骠骑大将军，祖父李崇任隋代上柱国幽州总管，父亲李敏为左光禄大夫。李静训自幼为外祖母周太后所养育，大业四年（608 年）六月一日死于汾源之宫，年仅九岁，同年十二月二十二日葬于长安县休祥里万善道场之内。李静训墓中出土金、银高足杯各一件。金杯口沿有由一圆环焊上的凸弦纹一周，高足已脱落，足柄及底缘亦各有焊上的凸弦纹一周。银杯的杯口及口沿下 1 厘米处亦各有凸弦纹一周，足柄中间有竹节纹饰，足底缘有凸棱一周[1]。

2002 年，西安市长安区祝羊村出土一件高足小银杯，银杯通体微泛铜黄色，敞口，上腹稍内束，下腹微鼓，平底，矮圈足，

[1] 中国社会科学院考古研究所：《唐长安城郊隋唐墓》，第 17 ~ 18 页，文物出版社，1980 年版。

图 3-18
西安市长安区祝羊村出土高足小银杯

足内壁呈喇叭形，这件高足杯也是仿东罗马帝国的工艺品（图 3-18）。

1965 年，西安市南郊白庙村出土一件金杯柸，形制似高足杯，应为冶铸过程中未掌握好火候而制成的残次品。杯身中上部有弦纹（凸棱）一圈，似为焊接而成。杯底与高足圆承盘之间无焊接痕迹，似为一次铸造而成。杯腹和底座均有裂口一道。杯口沿不平，器壁厚薄不一，且有多处塌陷。

白庙村为何会出土未烧制完成的高足金杯？这应和白庙村所在位置在唐代时的功用有关。白庙村在唐长安城延康坊内。在唐代时，王公贵族可以拥有独立的金银器作坊，而延康坊内当时就有魏王李泰宅，白庙村出土金杯柸可能出于魏王府及居住于延康坊的唐代其他皇室府中的金银作坊[1]（图 3-19）。

图 3-19 西安市白庙村出土金杯柸

唐墓壁画中也屡有出现高足杯的形象，如房陵长公主墓前甬道西壁执杯男装侍女图和后室北壁西侧执杯提壶侍女手中便执有高足杯，西安市长安县韦曲唐墓墓室东壁北铺《宴饮图》和李寿墓石椁线刻画也有相同器物。永泰公主墓前墓室东壁南侧之《九宫女图》和前室北壁东侧《仕女图》中，仕女双手捧一侈口高足玻璃杯，其形状也具有浓厚的拜占廷风格。

[1] 谭前学：《西安白庙村唐代金杯及有关问题》，《文博》2002 年第 3 期。

（三）太息流传景教碑——景教东传

1.《大秦景教流行中国碑》

存于西安碑林的《大秦景教流行中国碑》刻于唐德宗建中二年（781 年），由波斯传教士伊斯立于陕西周至大秦寺中。明天启三年（1623 年）出土，当时西方各国有不少的传教士得知此事，争相拓片，把碑文拓片译成拉丁文寄往欧洲本国。明熹宗天启五年（1625 年），此碑被置于西安西郭门外俗称金胜寺的崇仁寺内。清光绪三十三年（1907 年），为防外国人觊觎，将其移至西安碑林。《大秦景教流行中国碑》碑体为竖方形，螭首龟座，全高 279 厘米，碑身高 197 厘米，碑额楷书“大秦景教流行中国碑”，碑文有楷书 32 行，每行 62 字，共 1780 个汉字和数十个叙利亚文，由波斯传教士景净撰写，朝议郎前行台州司参军吕秀岩书（图 3-20）。

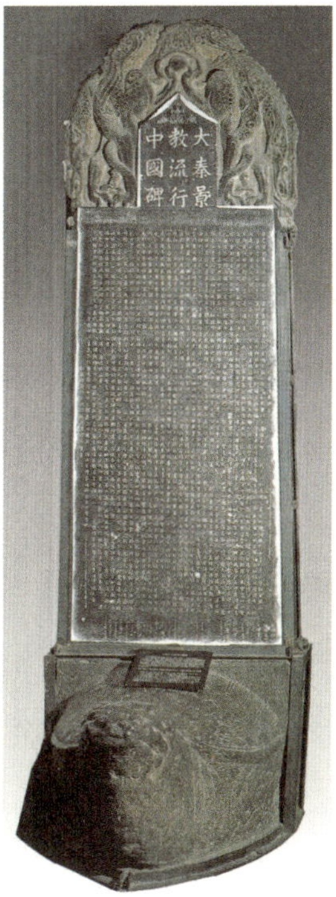

图 3-20
大秦景教流行中国碑

《大秦景教流行中国碑》碑文分序文和颂词两部分。序文较长，首先略述基督教教义，然后记述阿罗本受唐太宗礼遇，以及景教在唐太宗、高宗、玄宗、肃宗、代宗和德宗六位皇帝支持下，在中国 146 年的传教活动。颂词较短，多是对上述六位皇帝的歌颂。碑身底部和两侧有诸国传教士的署名。

碑文中的景教教义主要分为几个部分，首先说圣父、圣子、圣灵三位一体；提及上帝创造万物，创造人类的始祖亚当即上帝是全能的造物主，接下来是原罪，以及耶稣的诞生及救赎，最后讲到景教的圣洗、瞻礼、祈祷等礼拜方式。

【周至大秦寺】

周至大秦寺位于周至县东南20千米，现仅存有大秦寺塔。塔为楼阁式空心砖塔，八棱七层，原名“镇仙宝塔”，后以寺命名。据考证，塔与寺院为同组建筑，塔在寺东，坐南朝北。塔内二层至三层有两处景教泥塑，四层和七层分别有三处古代叙利亚外文刻字。

碑文中最为重要的一部分记叙了景教在中国的传播。据碑文所载，“太宗文皇帝光华启运，明圣临人，大秦国有上德曰：阿罗本，占青云而载真经，望风律以驰艰险，贞观九祀，至於长安，帝使宰臣房公玄龄，总仗西郊宾迎入内，翻经书殿，问道禁闱。深知正真，特令传授”。阿罗本在唐朝大胜东突厥的喜庆时刻来到中国，受到高规格礼遇接待。这里的“大秦”即为拜占廷帝国。碑文中详细记载了唐太宗对景教教义的接受及对其在中国传教的支持：“贞观十有二年秋七月。诏曰：道无常名，圣无常体。随方设教，密济群生。大秦国大德阿罗本，远将经像来献上京。详其教旨，玄妙无为；观其元宗，生成立要；词无繁说，理有忘筌；济物利人，宜行天下。所司即於京义宁坊造大秦寺一所，度僧二十一人。宗周德丧，青驾西升；巨唐道光，景风东扇；旋令有司将帝写真转摸寺壁。天姿泛彩。英朗景门。圣迹腾祥。永辉法界。”从文化胸襟和文化自信这一点上，唐朝始终拥有着其他朝代所不能比拟的博大气度。这在“道无常名，圣无常体”一句上得到充分体现。统治者的宽容和允纳是各方宗教得以在中国传播和延续的首要政治条件。

碑文又载：“案《西域图记》及汉魏史策。大秦国南统珊瑚之海，北极众宝之山，西望仙境花林，东接长风弱水。其土出火綄布、返魂香、明月珠，夜光壁。俗无寇盗，人有乐康。法非景不行，主非德不立。土宇广阔，文物昌明。”详细介绍了大秦国的地理四至，物品特产和风俗习惯。其中大秦的地理四至除“南统珊瑚之海”较为写实外，其余则多为溢美。而大秦国的奇珍异宝确实远销中国，受到上层人士的喜爱，身价极高。《后汉书》中曾提到大秦“土多金银奇宝，……凡外国诸珍异皆出焉”。明人有诗云：“大秦明月珠，绝宝世间无。”又云：“千金欧冶剑，百金大秦珠”这一描述应和历史真实较为接近。

《大秦景教流行中国碑》中详细记载了一名为“伊斯”的景教徒在长安的生活。伊斯在唐代历任“金紫光禄大夫、同朔方节度副使、试殿中监”等官职。安史之乱爆发，郭子仪率军平叛。此时的伊斯作为副手，他“为公爪牙。作军耳目”。可见唐朝时期的景教徒不仅可以做官，还能受到相当的重用。景教徒不仅仅只局限于宗教活动，还参与了唐代重要的政治和军事活动。碑文记载伊斯“能散禄赐，不积於家。献临恩之颇黎，布辞憩之金罽”。说明他在唐朝为官清廉，积极行善。伊斯在景教的宗教事宜上尽心尽力，他“或仍其旧寺，或重广法堂。崇饰廊宇。如翚斯飞。更效景门，依仁施利。每岁集四寺僧徒，虔事精供，备诸五旬”。即每年都会聚集僧侣举行景教的宗教活动，并对教徒给予帮助。

伊斯的活动不仅在于同皇室贵胄等上层阶级的接触，而对于社会下层，他亦做出慈善的举动，即“餧者来而饭之。寒者来而衣之。病者疗而起之。死者葬而安之”。当然，这些活动不仅是伊斯本人对下层民众的体恤，更应是景教徒本身的优良品德，就如碑文所记：“不畜臧获，均贵贱於人；不聚货财，示罄遗於我。”

2. 景教的传播

景教为基督教的一支聂斯托利派在中国唐朝的称谓，由叙利亚人聂斯托利创立。公元 435 年，在经历了几次同其他教派的交锋之后，罗马皇帝将聂斯托利派定为异端教派，聂斯托利被流放埃及。聂斯托利的信徒们逃至波斯，在波斯建立教会并发展壮大，逐渐成为波斯帝国三大宗教之一。随着波斯景教影响的逐步扩大，粟特人吸收了其教义并将其一步步传入中国。

唐太宗贞观十年二月下诏，“于京义宁坊造大秦寺一所，度僧二十一人”。并令“有司将帝写真转摸寺壁”。义宁坊在唐长安城开远门里的南侧，其大致位置相当于今西安市莲湖区桃园路以西、土门以东、桃园西路以南、丰镐东路以北之范围。据《长安志》记载，在义宁坊“街东之北，波斯胡寺”。此时的义宁坊胡寺已然成为唐代景教传播的中心。

唐高宗于“诸州各置景寺”，即在长安、洛阳、沙州、周至、成都建寺[1]，“仍崇阿罗本为镇国大法主”。景教此时已“法流十道”、“寺满百城”。可见，高宗时期景教的传播已经达到鼎盛。

武周圣历年间以及唐玄宗先天末年，景教遭受了两次危机。当时佛教受到重用，佛教徒在长安和洛阳对景教进行攻击和谩骂，幸得“僧首罗含、大德及烈”化解。罗含即波斯人阿罗憾，曾为武则天建造“大周万国颂德天枢”。开元二年（714 年），及烈以奇巧之器取悦玄宗皇帝，这两位的努力维持了景教的存续。

唐玄宗开元二十年（732 年），“波斯王遣首领潘那密与大德僧及烈朝贡”，这是景教徒及烈作为波斯使臣来唐朝拜的记载。

为宣扬开元盛世，玄宗“令宁国等五王亲临福宇，建立坛场，法栋暂桡而更崇。道石时倾而复正”。景教在此时又重新得到恢复。天宝初年，玄宗“令大将军高力士送五圣写真寺内安置，赐绢百匹，奉庆睿图”。这是继贞观年间将皇帝画像置于胡寺之内的延续，五圣即唐高祖、太宗、高宗、中宗、睿宗五位先帝。天宝三年（744 年），“大秦国有僧佶和”来到长安朝见。唐玄宗诏本土的景教“僧罗含、僧普论等一七人，与大德佶和于兴庆宫修功德”。这是将景教的宗教活动纳入到唐朝的外交行为当中。

景教初入中国时，其传教士被称为“波斯僧”，寺院被称为“波斯寺”，其教被称为“经教”。天宝四年（745 年）九月，玄宗下诏：“波斯经教，出自大秦，传习而未，久行中国。爰初

---

[1] 陈鼎亮:《景教东渐—< 大秦景教流行中国碑 > 再读》,《金陵神学志》2005 年第 4 期。

建寺，因以为名。将欲示人，必修其本。其两京波斯寺，宜改为大秦寺，天下诸府郡置者，亦准此”。这一举措将景教追溯至其本源，以别于出自波斯的祆教和摩尼教。

安史之乱爆发后，玄宗逃至蜀地，太子李亨即唐肃宗即位，并于“灵武等五郡，重立景寺”。于此乱世建立景寺的原因是为征调军力、平定叛乱。肃宗即位之地为宁夏灵武县，朔方、陇右、河西、安西、北庭为附近五郡，而此处的将领和士兵多信奉景教，建立景寺是为了笼络更多的支持者。

唐代宗“每于降诞之辰。锡天香以告成功。颁御馔以光景众”。说明景教与皇室上层的关系相当融洽。德宗即位第二年，景教碑初立，《景教流行中国碑》提及了德宗提出“阐九畴以惟新景命”。但具体维新景教的方法并未阐述。

关于寓居长安的景教徒，出土文献中可考的不多，1955 年西安三桥出土的《米继芬墓志》是其中代表。志主米继芬的族属、身份、历官等基本信息在本书中亚篇中已有介绍，此处不再赘述。志文中值得注意的是米继芬幼子“僧思圆，住大秦寺”这一说法。据葛承雍先生研究，“米继芬的小儿子思圆为大秦寺景教僧侣[1]，暗示了其父辈、祖辈必定都是景教徒。可以肯定米继芬心中对景教的崇拜，否则他不会允许儿子去做专职的景教僧侣”。

[1] 葛承雍：《唐韵胡音与外来文明》，第 239 页，中华书局，2006 年版。

【肆】昆仑家住海中州，蛮客将来汉地游

——非洲篇

昆仑家住海中州，蛮客将来汉地游。
言语解教秦吉了，波涛初过郁林洲。
金环欲落曾穿耳，螺髻长卷不裹头。
自爱肌肤黑如漆，行时半脱木绵裘。

——唐·张籍 《昆仑儿》

看过连续剧《大明宫词》的读者想必记得这样一个情节，太平公主与韦氏出宫游玩，在面具摊前发现了两个昆仑奴的面具，太平好奇地问："这是什么面具呀，黑咕隆咚的，鼻子还这么宽"。摊主回答："公子不知道吧，这叫昆仑奴面具。大海盗王世杰刚从海那边贩回一批昆仑奴，个个体壮如牛，身高越丈，据说还性情温良，踏实肯干。他们一到长安，就被那些贵族豪门瓜分殆尽。如今走在街上，能带上两个昆仑奴保镖，是世族少爷们最时兴的玩意儿啦。我看公子气质不俗，一定出身名门吧，趁着过节，也买两个昆仑奴面具，赶个时髦吧。"

昆仑奴，是唐宋时代黑色皮肤人种的通称。当时对贩卖或进贡到中国来的黑色人种，只要从事奴仆、马夫、水手、艺人诸类的低贱工作，都可称为"昆仑奴"。昆仑奴忠诚踏实、体力过人。蓄养昆仑奴成为当时的一种风尚，迅速在唐朝的上流社会流行起来，并成为一种达官贵族之家拥有地位和财富的标志。

"昆仑奴"造型的黑人俑在陕西长安地区出土很多。1948年冬，在长安县神禾塬贾里村附近发现一座唐墓，根据墓志记载，墓主人出身河东裴氏，系山西解县县令裴销之女，相国裴均之孙，年仅17岁，其六世祖便是威震西域的唐代安西大都护裴行俭。该墓葬出土文物当时运往长安县，后转交县文化馆保存，现藏于陕西历史博物馆。在裴氏小娘子墓的出土文物中，有两件彩绘陶质黑人俑引人注目：

第一件黑人俑高 15 厘米，站立，上身裸露，耸肩凸腹，胸肌隆起，下身穿一短裤，右臂微曲，半握拳，左臂下垂，全身（除短裤外）染成黑色，肤色纯黑，头发卷曲成螺旋状，双目圆睁，唇红眼白，鼓目、宽鼻、厚唇，身体壮实，精悍有力。

第二件黑人俑高 14.7 厘米，立形，作牵马式，身着圆领长袍，系腰带，打结于腹前，侧身站在踏板上。头发卷曲成螺旋状，额微凸，鼓目、扁鼻，鼻翼较宽，圆脸庞，面部涂黑色，眼白与眼球分别涂白彩与黑彩，对比十分强烈[1]。裴氏小娘子墓中出土黑人俑，显然与唐代贵族蓄养昆仑奴的风尚有关（图 4-1）。

图 4-1 裴氏小娘子墓出土黑人俑

外形不一、姿态各异的黑人俑或“昆仑奴”的形象在唐代墓葬中多有发现。1954 年，咸阳底张湾薛崇简墓出土一黑人俑，

[1] 李秀兰、卢桂兰：《唐裴氏小娘子墓出土文物》，《文博》1993 年第 1 期。

现藏于陕西历史博物馆。俑高 16.5 厘米，圆脸大眼，肤色黝黑，螺旋卷发覆盖头顶。身穿朱红色番衣，衣纹贴身自然下垂，颈上挂项圈，左手抚胯，右臂残缺，似作前伸状。1955 年，西安西郊插秧村出土一黑人俑，现藏于陕西历史博物馆。俑高 11.5 厘米，大眼宽鼻，大耳下垂，波状发，身着长袍，腰际束有巾带，双腿弯曲，握拳捂肚，似为戏弄表演形象[1]。1972 年，陕西省礼泉县烟霞公社马寨村西南的郑仁泰墓出土一昆仑俑，俑为昆仑形象，卷发、赤足、高鼻、双目圆睁，面带微笑，颈饰璎珞，手腕、脚踝戴舞环，桔红色丝帛绕双肩缠至下腹及膝盖上部。下穿红色条纹紧口短裤，赤脚（图 4-2）。1986 年，陕西长安县大兆乡东曹村唐墓也出土一件粉彩红陶黑人俑，现藏于西安市文物园林局文物库房。该俑高 15 厘米，陶质细腻，肌肤漆黑，圆脸，小螺卷发髻，粗眉大眼，深目，眼睛鼓圆，鼻梁直挺，棱角分明，嘴唇较厚。右臂微曲，残缺，左手置于腰胯上，着黑色交领长袖及膝衫，腰系宽带。双脚呈“八”字形立于踏板上[2]。似为一少年形象，或许是牵引牲口或洗刷马匹的小童。1985 年，陕西长武县郭村唐墓出土一件昆仑俑，高 27 厘米，头发卷曲成螺旋状，圆

图 4-2 唐郑仁泰墓出土昆仑俑

[1] 葛承雍：《唐韵胡音与外来文明》，第 101 页，中华书局，2006 年版。
[2] 翟春玲等：《长安县东曹村出土的唐代文物》，《文博》2003 年第 6 期。

图 4-3
陕西长武县郭村唐墓 出土昆仑奴俑

目，高鼻，厚唇，袒胸露腹，颈戴项链，皮肤涂黑，身缠红带，从臀部缠绕至背披于两肩，全身大部分裸露，赤足。扭腰屈膝，右手前伸，左手举至脑后握拳，动作舞蹈感十分明显。四指皆戴环饰[1]（图 4-3）。

除了出土陶俑外，唐墓壁画中也多有“昆仑奴”形象，在唐昭陵新城长公主墓、长乐公主墓、李震墓、阿史那忠墓、武惠妃墓和韦君夫人胡氏墓壁画中，均发现“昆仑奴”形象。昭陵新城长公主墓墓道西壁《犊车图》中有一“昆仑奴”形象，图中牛的左右两侧各有一黑色卷发、深目高鼻的红唇胡人，圆形耳垂大耳环，身穿红褐色圆领紧袖长袍，腰束黑带，脚蹬黑高腰靴子，此“两人均为昆仑奴形象”。1994 年，陕西富平县文管会在唐献陵陪葬墓区的一座唐代壁画墓中，也发现一幅牵牛图壁画。画中牵牛人颈戴项圈，戴手钏和脚钏，上身斜挂帛带，下着轻薄短裤，肤色黝黑，卷发厚唇，一手扬鞭，一手紧拽缰绳，相貌和装束皆似非洲黑人[2]（图 4-4）。

非洲同我国的间接交往或由来已久。1993 年 4 月 2 日，《人民日报》在第七版曾刊登了题为《三千年前埃及已用中国丝绸》

[1] 长武县博物馆：《陕西长武郭村唐墓》，《文物》2004 年第 2 期。
[2] 井增利、王小蒙：《富平县新发现的唐墓壁画》，《考古与文物》1997 年第 4 期。

图 4-4 陕西富平出土黑人牵牛壁画

的文章，其中提到：奥地利科学家最近研究一具埃及木乃伊时，发现其头发中有异物。经用电子显微镜分析，异物是蚕丝的纤维。这具木乃伊是3000年前埃及第二十一王朝（公元前1090～945年）时期的一名30岁至50岁的妇女。科学家们指出，当时除中国外世界上无其他丝绸生产国，因此认为这是中国的产品。据此猜测，早在3000年前，中国与非洲便有了商品货物的间接沟通。虽然只是猜测，但历史的真相有时也蕴含在大胆的猜想和推理之中。上古时期，由于交通、科技等诸多因素的限制，我国同非洲的交往当为非直接进行。

汉代时，中国和非洲的交流主要是通过西亚诸国和波斯进行，而中国多从非洲输入象牙和香料。从唐代开始，我国的史书中便有了关于非洲的记载。但这时我们对于非洲的印象，主要来自大食人。典籍中对非洲最早的记载，来自唐代杜环的《经行记》。杜环，唐代京兆（今陕西西安）人，唐玄宗天宝十年（751年），唐朝和大食爆发怛罗斯之战，唐朝战败，杜环成为唐军俘虏的一员，为大食人所擒，在中亚、西亚及地中海等大食占据的地区停留十多年，直到宝应初（762年）才乘商贾船舶自广州而回，著有《经行记》，可惜已佚。他的族叔杜佑在其著作《通典》中对其有诸多引用，上载："磨邻国在秋萨罗国西南，度大碛，行二千里，至其国。其人黑，其俗犷。少米麦，无草木。马食干鱼，人食鹘莽"。有学者考证，磨邻即现在的摩洛哥，杜环可能是我国第一个到达摩洛哥的人。关于磨邻国，《旧唐书》载："自临邑以南，皆卷发黑身，通号为昆仑"。《新唐书》载："自拂菻西南度碛二千里，有国曰磨邻……其人黑而性悍，地瘴疠，无草木五谷"。上述史书内容对《经行记》所述可做印证。

从考古发现上看，在非洲的摩加迪沙、布腊伐、桑给巴尔、马菲亚岛、吉瓦尔群岛、格迪、坦噶尼喀、奔巴岛等不少地方都发现过中国古代的钱币和瓷器，其中有一些就是属于唐王朝时期的。1945年在桑给巴尔的卡蒋瓦发现的176枚中国古钱币，里边就有一些是唐高宗时期的。在埃及开罗的古城伏塔特废墟中所发掘的许多中国瓷器，也有一些是唐朝时的[1]。这些都是中国和非洲经济文化交流的实证。

我们再说回开篇所述的昆仑奴，关于昆仑奴到底是不是非洲黑人，学界尚有争论，有学者认为，昆仑奴并非非洲黑人，而是来自东南亚地区。"昆仑"一词在唐代并非特指一个国家或者地区，而是一个大范围地域的统称。所谓"昆仑国"也并非一个国家的国号，而是对于南海诸国的泛称[2]。关于这个问题，笔者在此采纳上述葛承雍先生的观点。对于上文中列举的肌肤黝黑的黑人俑，则应列为非洲黑人一类，如裴氏小娘子墓出土的裸露上半身的黑人俑，只穿一条短裤，通体无其他装饰品，肌肤呈墨色，

[1] 杜葆仁：《从西安唐墓出土的非洲黑人陶俑谈起》，《文物》1979年第6期。
[2] 葛承雍：《唐韵胡音与外来文明》，第92页，中华书局，2006年版。

头发呈细旋涡状，眼睛很大，眼白特别明显，应是典型意义上的黑人，也就是所谓“僧祇”，来自非洲[1]。我国史书中曾屡次提到外国敬献僧祇的记载，如：

（元和十年八月丙寅），柯陵国献僧祇童及五色鹦鹉。（《旧唐书·宪宗本纪》）

大历三年、四年，皆遣使献僧祇童五人。（《旧唐书·西南蛮列传》）

（大历）十三年，遣使进僧祇女二人。（《旧唐书·西南蛮列传》）

据考证，这里的僧祇便是大食自东非掠买的黑人。而前文中所列其他肤色并非黝黑的陶俑，如长武县郭村唐墓出土的黑人俑，则可认为是昆仑俑，是来自东南亚南海诸国的棕色人种。由于昆仑奴的来源，学界尚无统一定论，因此本书暂将昆仑奴归入非洲篇中。

在唐代小说中，多有关于昆仑奴的描写，《开天传信记·苏颋》篇记载苏颋咏昆仑奴诗云：“指如十挺墨，耳似两张匙”。生动描写了昆仑奴的外形特征。《云溪友议》卷中《辞雍氏》篇：“崔涯者，吴楚之狂生也。……嘲妓曰：……怀胎十个月，生下昆仑儿。”晚唐裴铏《传奇》中《昆仑奴》一篇，则以大量篇幅塑造了昆仑奴磨勒机智果敢、技艺超群的形象。

昆仑奴如何来到中国？综合大多数学者的观点，大体有以下几种方式：首先是战争掠夺；其次是人口贩卖，就如开篇《大明宫词》中摊贩老板所说，许多昆仑奴是经由阿拉伯人贩卖到中国，赵汝适《诸蕃志》卷上《海上杂国》条云：“昆仑层期国，在西南海上，连接大海岛……西有海岛，多野人，身如黑漆，虬发。

[1] 孙机：《中国圣火》，第255页，辽宁教育出版社，1996年版。

诱以食而擒之，转卖与大食国为奴，获价甚厚”。贩卖是昆仑奴进入中原的主要途径，加之上层社会蓄养昆仑奴的风尚，使得这些贩卖昆仑奴的商人获利颇丰；最后是进贡和赠送，如前文中所引文献指出，柯陵国曾多次遣使进奉僧祇奴隶，贡人往往随着方物一起献入长安。但进贡次数和进贡数量均有限，显然不能成为昆仑奴的主要来源。

从长安及周边出土的黑人陶俑和壁画来看，目前所见的昆仑奴形象仅限于男性，按照史料记载，柯陵国曾向中国进贡僧祇女，但却没有女性昆仑奴的形象出土，昆仑奴是否仅限于男性，还有待于考古资料的进一步发现。

【伍】

钟声入帝梦，天竺化长安

——南亚篇

古代印度是一个具有宗教色彩的国度，最早称身毒或天竺，在玄奘《大唐西域记》中始称印度。其地域除今天的印度外，还包括巴基斯坦和孟加拉等国在内的整个南亚次大陆地区。

印度起源于印度河流域文明，即哈拉帕文化。随着雅利安人进入印度，吠陀文化正式开启，种姓制度在这个时期形成。公元前600年，印度进入列国时代，又称佛陀时期，这一时期的得名来源于释迦牟尼所建立的佛教。

印度是由小邦国组成的，且存在着南北印度之分。北印度的历史包括独立统一的摩揭陀国所建的孔雀王朝和笈多王朝，亦有被波斯国王大流士一世、马其顿国王亚历山大大帝、大月氏人的贵霜帝国侵占的历史，以及德里苏丹国和莫卧儿帝国。南印度则一直处于邦国林立之中，在公元9～11世纪出现过朱罗国和潘地亚等几个强大的王国。

一、问尔几年辞印度——瞿昙氏一族

1977年5月，长安县纪阳公社北田村发现了瞿昙撰的墓葬，墓内设施基本毁坏，但甬道北端的一方墓志却为世人还原了瞿昙撰家族几代在唐朝为官的历史。

墓志记载瞿昙撰“世为京兆人”。但据考证可知，瞿昙是印度古代的姓氏之一，为印度刹帝利种之一姓，译为乔答摩，释迦牟尼即属于此姓。关于瞿昙撰的族属，据其姓氏分析，应实为南北朝时期由天竺迁居长安的印度人后裔。墓志中记载其先祖三代的名字及官职，“烈曾讳逸，高道不仕；烈祖讳罗，皇朝太中大夫、司津监、赠太子仆；烈考讳悉达，皇朝银青光禄大夫，太史监，江宁县开国男，赠汾州刺史”。可见瞿昙一家在中国世代为官，受到重用。

瞿昙撰生于睿宗景云三年（712年），卒于唐大历十一年（776年）四月，终年65岁。“以武举及第，授扶风郡山泉府别将。恩旨直太史监、历鄜州三川府左果毅，转秋官正，兼知占候事。国家改太史监为司天台，有诏委公。寻正授朝散大夫，守本司少监。后任司天监，次年授银青光禄大夫，死后追赠太子詹事。有子六人：长曰昇，次日昪、昱、晃、晏、昴。”可见，瞿昙撰在中唐时期，曾任司天台的司天监一职。司天台，唐代官署名，监掌察天文，稽历数。一般设有监一人，为正三品，少监二人，丞一人，主簿二人，主事一人。瞿昙撰为司天监，为司天台的最高官员（图5-1）。

图5-1 瞿昙撰墓志拓片

根据史书记载，唐代瞿昙氏一族多出任掌管天文历法的官职，作为天文官员亦多有贡献。

瞿昙罗，在高宗和武后时期任太史令。据《新唐书》记载，高宗时“淳风作甲子元历以献。诏太史起麟德二年（665年）颁用，谓之麟德历。……当时以为密，与太史令瞿昙罗所上经纬历参行”。《旧唐书》中也记载武后圣历元年（698年），“命太史瞿昙罗造新历。至三年，复用夏时，光宅历亦不行用”。

瞿昙悉达，睿宗和玄宗时期任太史监。他奉敕编纂了《开元占经》一百二十卷。睿宗景云三年（712年），瞿昙悉达等人奉命重新修复于后魏太史令晁崇在永兴四年（412年）所造浑仪。据《新唐书》记载，“九执历者，出于西域。开元六年（718年），诏太史监瞿昙悉达译之”。

瞿昙撰，字贞固。唐玄宗开元九年（721年），僧一行作大衍历。开元二十一年（733年），撰奏曰：“大衍写九执历，其术未尽”，而《新唐书》又述，“陈玄景持以惑当时，谓一行写其术未尽，妄矣”。后瞿昙撰因为此事而被调职离京。据晁华山先生引述《文殊师利菩萨及诸仙所说吉凶时日善恶宿曜经》注文，瞿昙撰参考天竺古历编制的历法被人们称作“瞿昙”氏历，与国家颁布的《至德历》参照实行[1]。

《新唐书》中记载有《大唐甲子元辰历》一卷，其作者为瞿昙谦，据墓志中瞿昙撰的儿子均有“日”字部，瞿昙谦和瞿昙撰（繁体“譔”）均为“言”字部，应为兄弟二人。

据郑樵《通志》记载，“唐司天监瞿昙撰，子晏。为冬官正”。可知，瞿昙撰第五子瞿昙晏也在司天台任职。

瞿昙家族在唐代历任天文机构要职且多居高位，通过前后四代的努力，将印度的天文历算和中国的传统历法相结合，促进了唐代天文学的发展。瞿昙氏一族是来华印度人的代表，其墓葬的发掘，不仅为中印交流的研究提供了新的材料证据，并且证明，在天文科技方面，印度同我国之间，早在唐代便已互相产生了深入的影响。

中国与印度的交流由来已早。据《史记·大宛列传》载，西汉元狩元年（公元前122年），张骞使大夏返回时言：“臣在大夏时，见邛竹杖、蜀布。问曰：‘安得此？’大夏国人曰：‘吾贾人往市之身毒，身毒在大夏东南可数千里，其俗土著，大与大夏同，而卑湿暑热云。其人民乘象以战，其国临大水焉。’以骞度之，大夏去汉万二千里，居汉西南，今身毒国又居大夏东南数

[1] 晁华山：《唐代天文学家瞿昙譔墓的发现》，《文物》1978年第10期。

千里，有蜀物，此其去蜀不远矣”。可见，早在张骞通西域之前，四川与印度之间已经有一条川滇缅印古道，即西南陆上丝绸之路。

据方国瑜先生研究，中印两国间的交通线，约有三途：一自葱岭，一自南海，又其一则自滇、蜀。而葱岭、南海之道远，滇蜀之道近，中印文化之最初交通当由滇、蜀道。然此道以地理环境之特殊，民族种落自保其疆界而未融洽，虽有交通未能畅行，故汉以后往还中印之间者，或逾葱岭、或浮南海，取道滇蜀者少。

公元前2世纪，中国与印度的交往更为密切，为便于与印度洋沿岸国家的贸易往来，西汉政府开辟了南海航路。据《汉书·地理志》载，航线为：“自日南障塞、徐闻、合浦船行可五月，有都元国；又船行可四月，有邑卢没国；又船行可二十余日，有谌离国；步行可十余日，有夫甘都卢国。自夫甘都卢国船行可二月余，有黄支国，民俗略与珠崖相类。……自黄支船行可八月，到皮宗；船行可二月，到日南、象林界云。黄支之南，有已程不国，汉之译使自此还矣”。此条航线进口的货物主要为香料，而出口的主要是丝绸。

隋唐时期，丝绸之路的贸易往来更为频繁。长安通往印度的道路也十分发达。或从敦煌，经鄯善、于阗（新疆和田），过葱岭及吐火罗（阿富汗北部）至北婆罗国（北印度）；或经四川、吐蕃，到泥婆罗（尼泊尔）和天竺（印度）；或经南诏往西南，到骠国（缅甸）和天竺；或走海路，从广州入海，渡南海，至东南亚，后越印度洋和阿拉伯海至波斯湾沿岸。交通的发达为文化交流提供了保障，印度的宝石、香料、造像、经卷源源不断地传入我国。

二、似到西方诸佛国——佛教的传入

佛教为世界三大宗教之一，也是中国最大的宗教派别。其创立者释迦牟尼，原名乔达摩·悉达多，曾为迦毗罗卫国净饭王太子，因看到社会苦难万象而出家，后悟道成佛。西汉末年，佛教由印度传入中国。在后世的传播过程中逐步形成了中国佛教的八大教派，即天台宗、三论宗、法相宗、华严宗、禅宗、律宗、密宗和净土宗。佛教向中国的传播不仅带来了佛教的教义，亦带来了以佛教为代表的印度文化。

据《三国志》引《魏略》言：西汉哀帝元寿元年（公元前 2 年），“博士弟子景庐受大月氏使伊存口授《浮屠经》曰复立者其人也。《浮屠》所载临蒲塞、桑门、伯闻、疏问、白疏间、比丘、晨门，皆弟子号也”。这是佛教传入中国最早的记载。

佛教传入中国之初，主要是依附于黄老方术学说，是在与道教思想相结合的过程中逐步发展起来的。其传播也仅限于上层皇室，平民百姓对其接触较少。到了东汉末年，佛教逐渐被下层民众所接受，由于道路遥远，传入经典有限，当时的佛事活动主要以译经为主。

魏晋南北朝时期，佛教在中国境内得到进一步传播和发展，有“南朝四百八十寺”之说。据王介南先生引唐法琳《辩证论》所述，东晋共有佛寺 1768 所，僧尼 24000 人。而南朝的梁代，计有寺院 2846 所，僧尼 82700 人，比东晋寺院增加 1000 余所，僧尼增加 3 倍多[1]。虽然经历两次灭佛运动，但佛教却未停歇其传播的脚步，它与儒教和道教相互融合，在中国的传播进程中又

[1] 王介南：《中外文化交流史》，第 109 ~ 110 页，人民出版社，2011 年版。

向前迈了一步。

佛教传入中国的途径，历来有不少学者研究，其中主要有以梁启超为代表的海路说和以汤用彤为代表的陆路说两种。据张晓华先生研究，佛教传入中国的主要路径有陆路和海路两条，而其开辟的时间相差无几[1]。陆路传播主要是通过中亚和西域传入中国，进而传入朝鲜和越南；海路是通过广州和交州，至东部沿海进入中国，后又传入日本。

（一）白马驮经万里归——玄奘西行

隋唐时期，佛教在中国的发展进入全盛时期，而此时的西行求法亦达到了巅峰。唐太宗贞观二年（628 年），高僧玄奘为寻求佛经原典，从长安出发，孤身西行，踏上了漫长的求法之路。

玄奘，洛州缑氏（今河南洛阳偃师）人，俗家姓名“陈祎”，“玄奘”是其法名，被尊称“三藏法师”，与鸠摩罗什、真谛并称为中国佛教三大翻译家，也是后世经典小说《西游记》中唐僧之原型。

同《西游记》中不同的是，玄奘在西行路上，并无仙人和徒弟护法，他孤身翻越大漠、雪山，风餐露宿，九死一生，经姑臧（今甘肃武威），出玉门关，过敦煌、高昌（今新疆吐鲁番县境）、龟兹（今新疆库车）、罽宾等地，最终抵达天竺。玄奘到达印度后，于那烂陀寺师从戒贤法师修习《瑜伽师地论》等经典，习学婆罗门教经典、各类梵书。后游学印度各地，期间与戒日王会晤，并得到优渥礼遇。戒日王决定以玄奘为论主，在曲女城召开佛学辩论大会。大会上，玄奘以雄辩折服众人，一时名震天竺。贞观十九年（645 年），玄奘携带 657 部佛经和许多佛像回国，他返

[1] 张晓华：《对佛教初传中国内地的时间及路线的再考察》，《史学集刊》2001 年第 1 期。

回长安时，朝廷安排了盛大的迎接仪式，长安城万人空巷，“道俗奔迎，倾都罢市”。并在洛阳受到唐太宗接见。现在西安城南的护国兴教寺中，藏有《玄奘负笈图》碑，碑上题“玄奘负笈像”五字篆书，图中的玄奘大师，赤足芒履，身负满载佛经的行笈，前悬灯盏，生动展现出大师昼夜兼程、不辞劳苦的形象（图 5-2）。

图 5-2 兴教寺藏玄奘负笈图碑

归国后，玄奘专注译经，他带领弟子先后于长安弘福寺、大慈恩寺、西明寺和玉华寺翻译经典，19 年间，共翻译佛教经论 75 部，1335 卷，130 多万字，为传播佛学思想，促进大唐佛教的兴盛和佛教中国化做出巨大贡献。

弘福寺遗址位于西安市莲湖区丰禾路，唐长安城修德坊西北隅。为贞观八年（634 年）唐太宗为追念太穆皇后而建，玄奘西行带回的佛舍利、佛像、佛经均安置在弘福寺，玄奘在此撰写《大唐西域记》一书，该书成为研究中亚、印度半岛以及我国新疆地区历史和佛学的重要典籍。1982 年，有《大唐弘福寺故上座首律师高德颂》在遗址范围内出土。

大慈恩寺位于西安市雁塔区，唐长安城晋昌坊东半部，系唐贞观二十二年（648 年）太子李治为追念其生母文德皇后（长孙氏）而建，故名慈恩寺。迄今已历 1350 余年。寺内现存大雁塔，系唐高宗永徽三年（652 年）下诏修建，用来保存玄奘用印度携回的佛经、佛像、舍利。塔高 64.5 米，共七层，塔底呈方锥形，底层每边长 25 米，《大慈恩寺三藏法师传》中称此塔“仿西域

图 5-3 慈恩寺内的大雁塔

制度，不循此旧式”。塔下现存《雁塔圣教序》碑，共二石，前石为贞观二十二年（648 年）五月，玄奘译毕《瑜伽师地论》后，唐太宗李世民为其所译经典撰写《大唐三藏圣教序》，后石为高宗李治所为之作《大唐皇帝述三藏圣教记》，均由初唐书法名家褚遂良书写，字体清丽刚劲，堪称国之瑰宝（图 5-3）。

西明寺遗址位于西安市碑林区，唐长安城延康坊西南隅。原为太宗四子魏王李泰宅邸，公元658年唐高宗立为寺，658～659年，玄奘曾在此翻译经书。1985 年，中国社科院考古所唐城考古队曾对西明寺遗址进行了发掘，遗址布局包括主院、西南院和东南院三个院落，主要院落中间偏北是中心建筑的殿址，东、南、西三面有回廊。遗址出土有许多建筑材料，有绳纹、莲花纹、素面纹长或方砖，光面布纹里的青板瓦、极小的筒瓦，莲花纹灰、漆黑色瓦当及少量绿色琉璃瓦当，兽面装饰的脊头砖和鸱尾。出土 150 余件鎏金铜造像、一些石佛像残件和陶佛像。此外还出土一些生活用品。西明寺在中日佛教交流史上也占有重要地位，先后有数位日本学问僧在西明寺居住，日本奈良的大安寺即仿其形制建造[1]（图 5-4）。

玉华寺遗址位于陕西省铜川市西北 42 千米的玉华山中，是

[1] 中国社科院考古研究所：《唐长安西明寺遗址发掘简报》，《考古》1990 年第 1 期。

玄奘的译经、圆寂之地。始建于唐武德七年（624 年），初为抵御突厥侵扰的军事指挥中心，后更名为玉华宫，再后改为玉华寺。659 ～ 664 年，玄奘曾在此译经，留存至今的肃成院石窟即为玄奘主持开凿。麟德元年（664 年）二月五日，玄奘圆寂于玉华寺。

图 5-4 西明寺遗址出土石茶碾

1956年的第一次文物普查时，考古人员在玉华寺遗址内发现了一件玄奘法师敬造金刚佛座，座为青石质，方形基座，上承以束腰莲台，莲台顶部刻矩形凹槽，上部刻莲瓣，下部浮雕如意云头。方形基座正面左侧刻有 20 字的楷书铭文题记：“大唐龙朔二年三藏法师玄奘敬造释迦佛像供养。”现藏于铜川市玉华玄奘纪念馆（图 5-5）。

图 5-5 玄奘法师敬造金刚佛座

1999 年，在玉华寺肃成院考古发掘中，出土了刻有文字的残石数块，石块上方刻有脚印残部，下方为楷书铭文，文曰：“佛迹记摩揭陀国波吒离城释迦如来蹈石留迹奘亲观礼图”，或为玄奘法师手书铭文。同 60 年代发现于肃成院石窟内的一件佛足印刻石相吻合，可拼合在一起，

图 5-6 玉华寺佛迹记碑

更名为玉华寺“佛迹记碑”[1]（图 5-6）。

玄奘一生译经立派，培育弟子，著书立说，在中印宗教交流、佛教中国化方面做出了巨大贡献，其学说远播海外，对朝鲜、日本及其他地区的佛教文化也产生了深刻影响。

（二）佛窟何人向此开——石窟

石窟是源于印度的一种佛教建筑形式。佛教徒们选择崇山峻岭的幽僻之地开凿石窟，以便修行之用。它取材于佛教故事，反映佛教思想及汉化过程。北魏至隋唐年间，是石窟开凿的鼎盛期，许多大型石窟都开凿于此时。

陕西石窟分布广泛，具有极高的艺术价值和研究价值。现存 300 余处北魏至明清各代石窟，其中晚期石窟居多。较为著名的有彬县大佛寺石窟、子长钟山石窟、麟游慈善寺石窟、安塞大佛寺石窟等。

1. 彬县大佛寺石窟

彬县大佛寺石窟坐落于陕西彬县县城西十千米处泾河南岸的

[1] 仵禄林、王民：《玉华寺遗址的发现与研究》，《考古与文物》2006 年第 5 期。

清凉山下，开凿在泾河南岸的石崖峭壁上，泾河自佛洞前东流，风光秀丽。彬县大佛寺石窟是陕西境内最大的佛教石刻造像群，1956 年，咸阳地区文管会对大佛寺进行了全面勘察。1992 年，陕西省文物保护技术中心文物调查研究室再次对主窟及淤积物进行了调查。

彬县大佛寺石窟始建于唐代。公元 618 年，李渊攻占长安称帝后，薛举父子率军进攻关中，当时的秦王李世民出兵迎击，在浅水原之战中大败薛军。后来，李世民在彬州清凉山上雕刻大佛，用以纪念浅水原战役中阵亡的近 10 万将士。石窟建成后初名“应福寺”，北宋仁宗为其养母刘太后庆生时改名为“庆寿寺”。因窟内佛像高大雄伟，俗称大佛寺，从明代一直沿用至今。

大佛寺石窟群现存大小窟、龛 361 个，其中洞窟 107 个，佛龛 254 个，内有造像的洞窟 19 个，造像 1498 尊。“大佛洞”是全寺的中心，也是该寺最大的石窟，保存也最为完整。洞内共有 70 个龛，1001 尊造像。窟内主像为西方三圣，南壁阿弥陀佛，西壁观世音菩萨，东壁大势至菩萨。阿弥陀佛结跏趺坐于莲台上，原高 27 米，现高 19 米，仅手指就长 2 米。大佛发髻作螺髻状，方面垂耳，披衣袒胸，左手着膝，右手举起，手指微屈。大佛寺便因这大佛得名。观世音菩萨和大势至菩萨，亦为石胎泥塑，高发髻，戴宝冠，发披至双肩，方面大耳，颈系璎珞，神情端庄，造型优美（图 5-7）。

图 5-7 彬县大佛寺石窟大佛

千佛洞位于大佛洞的东侧，是一所平面近似于正方形的大型中心柱窟。有造像 300 多尊，大部分是唐武周时期的作品。洞中造像主要为弥勒佛，各龛为菩萨造像，姿态灵动。罗汉洞位于大佛洞的西侧，由较小的四个窟连接而成，造像100余尊，主佛为释迦摩尼，其余为弟子、菩萨、力士、金刚等造像。千佛洞和罗汉洞中还保存了唐宋以来重要的题记碑刻200余处，多为后世名人所刻，为唐、宋、元、明、清的历史文化研究提供了重要资料。

2. 子长钟山石窟

钟山石窟位于陕西子长县安定镇东一千米处终南山麓，又名万佛岩、普济寺、石宫寺。石窟规模宏伟，气势壮观。泥金彩绘，保留千年，经久不衰。保留完好的碑、碣题记，不仅为研究考证钟山石窟提供了佐证，同时又是书法佳作。

在过去较长的一段时间内，研究人员根据钟山石窟内发现的部分雕像的艺术风格，判断这一石窟是北宋时期所建。1994年，考古人员在钟山石窟附近发现了一块石碑，石碑上刻有北宋《重修大普济禅寺记》的文字，上记："安定城东二里许，有石岩凿洞，万佛森严。究竟始建于何代，无记载可考。有据可考谓稽之勒石曰晋太和年"。随后，在另一块石碑上也发现了此种记载。由此可推知，钟山石窟可能是中国开凿最早、开凿历史最长的石窟。从晋太和年间至今，已经经历了1600余年的风雨。

钟山石窟依山而建，坐北向南。现开掘的石窟有六个，其中的三号窟，也就是主窟保存最为完整。窟内有大小佛像1万多尊，人称为"万佛岩"。主窟前为木结构回廊，石窟中央凿石成坛基，坛基上主造像为释迦、阿弥陀、药师佛。释迦佛前为弟子阿难、迦叶和文殊、普贤。释迦佛西侧为阿弥陀佛，东侧为药师佛。石窟前壁下方有16尊浮雕罗汉像，有的合目诵经，有的含睇若笑，有的怒目而视，有的悄然深思。姿态各异，栩栩如生。主窟四壁及石柱柱壁上雕满小千佛、菩萨、罗汉、弟子等，喜怒哀乐，各不相同，其精彩细致之处巧夺天工，是不可多得的稀世佳作。

钟山石窟是研究千余年来历朝历代宗教史、民俗风情、彩绘工艺、衣着装饰与雕刻艺术和建筑艺术的重要史料，是陕北石刻艺术的一颗明珠。1988 年，由国务院公布为第三批全国重点文物保护单位（图 5-8）。

图 5-8 钟山石窟万佛洞

（三）灵谷深松藏寺院——佛寺

佛教在传入中国后，经过五六百年的发展，至隋唐时期进入鼎盛，分为八大宗派，其中六大宗派的祖庭都在陕西。玄奘所创法相宗祖庭在西安大慈恩寺，密宗祖庭在西安大兴善寺，三论宗祖庭在户县草堂寺，华严宗祖庭在西安市长安区华严寺，律宗祖庭在西安市长安区净业寺，净土寺祖庭在西安市长安区郭杜乡香积寺，由此可见陕西在中国佛教发展史上的地位可见一斑。除此之外，考古人员曾在法门寺、青龙寺、安国寺等重要佛教寺庙遗址进行过考古发掘，出土一大批精美绝伦的佛教遗物。篇幅所限，我们无法对这些古寺进行一一介绍，只能择其重点进行列举。

1. 法门寺

法门寺，原称阿育王寺，位于宝鸡市扶风县以北约十千米的法门镇，修建于北魏孝文帝太和二十三年（499年）或稍早[1]，兴盛于唐朝。1987年2月，为重建寺内倒塌的明代建造的十三层八角砖塔，考古人员对塔基及其周边区域进行了发掘，发现塔下一座唐代地宫。法门寺地宫自唐懿宗咸通十五年（874年）正月四日封闭，后世虽有开启，但地宫所藏始终未被扰动。地宫的现场发掘工作从1987年2月28日开始，1987年11月30日结束。1988年10月底，地宫出土文物的室内修复、绘图、保养工作也基本完成。

地宫由踏步漫道、平台、隧道、前中后三室及秘龛七个部分组成，从南向北依次为踏步漫道、隧道、前室、中室、后室。地宫的构筑是采用开挖方法挖出竖穴土圹，形成整个地宫的基槽，然后用石灰石、大理石明箍而成。

地宫中的文物，应是晚唐懿宗、僖宗在公元873年最后一次迎佛骨时所供奉。出土器物中最主要的是与佛教有密切联系的供养器、法器、生活用具等，这些器具均带有浓厚的密宗色彩。

地宫中的遗物除石碑外，均出自前、中、后室。遗物以贮藏佛指舍利的阿育王塔（前室内）、灵帐（中室内）、八重宝函（后室内）为中心，放置较有规律。尤以后室数量最多，最为集中。后室内许多器物上下叠压，分层放置[2]。

据《道宣律师感通录》所载：法门寺所藏佛指骨最先安置于一个“狭陋”的“石臼”之中。唐高宗显庆四年（659年），第二次迎奉佛骨时，武后才第一次为舍利造“金棺银椁”。至咸通

---

[1] 陈景富：《关于法门寺历史的几个问题》，《人文杂志》1988年第5期。

[2] 陕西省法门寺考古队：《扶风法门寺塔唐代地宫发掘简报》，《文物》1988年第10期。

十四年（873 年），唐懿宗又为舍利造八重宝函[1]。据徐苹芳先生研究，“这种用石函铜函、金棺银椁的瘗埋制度是前所未有的，改变了印度用罂罈瘗埋的方式，而用中国式的棺椁瘗埋，更符合于中国的习惯”[2]。

地宫塔基中有四枚佛指舍利，仅一枚为释迦牟尼真身舍利，其余三枚为影骨。第一枚佛指置于地宫后室八重宝函的金塔塔基银柱上；第二枚置于地宫中室汉白玉双檐灵帐中的鎏金双凤纹银棺内；第三枚藏于地宫后室秘龛的玉棺中；第四枚置于地宫前室汉白玉阿育王塔中铜浮屠内的鎏金伽陵频迦纹饰银棺中[3]。

阿育王塔为汉白玉质地，分作塔基、塔身、塔顶三部分。平面为四方形，中空。塔基较高，雕成须弥座式，束腰处每面雕三个小龛。塔身通体彩绘，四面各雕一假门，门两侧各浮雕一站立菩萨像。塔檐成十一层叠涩挑出，檐顶向里逐层收进。塔顶为铜铸的宝珠，置于檐顶孔内[4]（图 5-9）。

图 5-9 法门寺地宫出土阿育王塔

阿育王（公元前 273 ～前 232 年在位）为印度摩揭陀帝国孔雀王朝中第三个国王，开国者旃陀罗笈多之孙。阿育王统治的早期，主要是对外征服东南方的羯陵迦国，但由于看到了战争的悲惨，后期便以佛教为正法来统治印度。阿育王在位期间，印度各

[1] 陈景富：《关于法门寺历史的几个问题》，《人文杂志》1988 年第 5 期。
[2] 徐苹芳：《新中国的考古发现和研究》，第 614 页，文物出版社，1984 年版。
[3][5] 陕西省法门寺考古队：《扶风法门寺塔唐代地宫发掘简报》，《文物》1988 年第 10 期。

地多刻摩崖法敕、立石柱，建寺塔（据说建立了8.4万千座塔）。为统一佛教思想，阿育王还派目犍连子帝须在华氏城主持了佛教的第三次集结，这次集结使得佛教成为全印度的宗教，并在集结后派遣僧徒传教，使佛教的影响扩展到印度以外的区域。

出土于法门寺地宫中室汉白玉灵帐之后的鎏金银捧真身菩萨像十分精美。菩萨高髻，头戴宝冠，上身袒露，臂饰宝钏，双手捧着放置錾刻发愿文金匾的荷叶盘，下着羊肠大裙，双腿左屈右跪于莲台上，通身装饰珍珠璎珞，冠边缘串饰珍珠，冠中顶供化佛。荷叶盘上发愿文匾呈长方形，有匾栏，栏上贴饰16朵宝相花，衬以蔓草，内饰联珠纹一周。匾上錾文65字："奉为睿文英武明德至仁大圣广孝皇帝，敬造捧真身菩萨，永为供养。伏愿圣寿万春，圣枝万叶，八荒来服，四海无波。咸通十二年辛卯岁十一月十四日皇帝延（诞）庆日记。"两侧以销钉套环与护板相连，边缘饰一周吉祥草叶，内外缘各饰联珠一周，护板中镂空成三钴金刚杵，四周衬以缠枝蔓草，莲座呈钵形，顶面八曲，边缘联珠，顶面与底面均为覆莲座，錾有梵文，腹壁由上至下饰四层仰瓣，每层八瓣，上两层莲瓣各有一尊像，两侧衬以缠枝蔓草。腹壁一周分别錾刻持剑、执斧、托塔、拄剑的四大天王，余白处錾三钴金刚杵。覆莲座鼓形束腰，顶面与莲台焊接，底部和覆莲座套接，双层覆钵形，外层上部饰一周八瓣覆莲，每瓣内各錾一梵文。中部一周錾八大明王，均有背光，座下有立沿饰联珠纹与莲瓣纹一周。内层中心錾十字三钴金刚杵，两侧各有一行龙，并衬以流云纹[1]（图5-10）。

法门寺地宫是迄今所见最大的塔下地宫。如今的法门寺珍宝馆，拥有出土于法门寺地宫所出2000多件大唐国宝重器，为世

[1] 韩生：《法门寺文物图饰》，第449-450页，文物出版社，2009年版。

图 5-10
法门寺地宫出土鎏金银捧真身菩萨

界寺庙之最。

2. 庆山寺

庆山寺位于西安市临潼区东北十千米的代王镇姜原村。1985年5月，附近砖瓦厂工人在取砖时发现了一座砌券室，从出土的《大唐开元庆山之寺——上方舍利塔记》碑中，可知此砌券室为寺内塔下安放舍利的地宫。

地宫中出土的遗物十分精美，内有一方《上方舍利塔记》碑、线雕石门和两只三彩护法狮子以及青石雕释迦如来舍利宝帐。宝帐中置一金棺银椁和承托银椁的鎏金须弥座，三个三彩供盘依次置于宝帐前，中盘有一个三彩南瓜，两边盘内各置四个玻璃供果，盘间放两个彩绘陶瓶。另有陶、瓷器物置于宝帐的东、西两侧，金、银、鎏金银、铜器置于须弥座前[1]。

地宫中出土的凤头人面纹铜壶是一件极具“天竺“特色的器物。壶凤首龙柄，喇叭状圈足，细颈中有凸弦纹三周。腹部作六个高浮雕人头，人面肌肉丰满，弯眉大眼，小口，鼻子修长而稍高，与口距离极近。头发从额中分拢于耳前鬓上，结成三节发辫，每条辫皆两两共用，天竺人的脸型与发式特征极强。壶底附焊铜片，应为使用时间过久而修补壶底之用[2]（图 5-11）。

庆山寺原名“灵岩寺”，现寺名来源于庆山县的县名。据《旧唐书》记载，武则天垂拱二年（686 年）时，“新丰县东南

【武宗灭佛】

唐武宗灭佛指唐武宗在会昌年间的毁佛活动。唐代后期，由于佛教寺院土地不输课税，僧侣免除赋役，佛教寺院经济过分扩张，损害了国库收入。唐武宗崇信道教，深恶佛教，于会昌五年八月，令天下诸寺限期拆毁。拆下来的寺院材料用来修缮政府廨驿，金银佛像上交国库。没收寺产良田数千万顷。僧尼迫令还俗者共 260500 人。政府从废佛运动中得到大量财物、土地和纳税户。佛教遭到空前打击。

[1][2] 临潼县博物馆：《临潼唐庆山寺舍利塔基精室清理记》，《文博》1985 年第 5 期。

图 5-11
庆山寺地宫出土凤头人面纹铜壶

露台乡，因为大风雨雹震，有山涌出，高二百尺，有池周三顷，池中有龙凤之形、禾麦之异，则天以为休征，名为庆山”。据顾承甫先生参考郑嵎所作《津阳门诗》一诗的注文，可知庆山寺始建于武则天执政期间，由宦官主持依照宫中佛刹的规制结构而修造。庆山寺建成后，到唐德宗时规模仍宏大，并改名为持国寺[1]。

据《上方舍利塔记》碑文所记，庆山寺被大风所毁，唐玄宗命京师长安温国寺承宗法师充寺主，自开元二十五年（737 年）至二十九年（741 年）进行修缮。在唐武宗会昌五年（845 年）的大规模灭佛活动中，庆山寺被毁弃。

3. 青龙寺

青龙寺，隋时称“灵感寺”，是我国佛教密宗寺院之一。位于西安市南郊铁炉庙村北高地的“乐游原”上，也是唐长安城东南部“新昌坊”东南隅。北宋至明中期寺院彻底毁弃。

据《长安志》记载，青龙寺始建于隋文帝开皇二年（582 年），“文帝移都，徙掘城中陵墓葬之郊野，因置此寺，故以灵感为名”。唐龙朔二年（662 年）改为观音寺，景云二年（711 年）改为青龙寺，会昌六年（846 年）复立为护国寺，大中九年（855 年）恢复青龙寺名。

[1] 顾承甫：《唐代庆山寺小考》，《史林》1986 年第 1 期。

1963年，中国社科院考古所西安唐城队曾对青龙寺遗址做过初步调查，1973年进行复查，1979年秋继续探查和发掘，对青龙寺的全貌和寺院布局有了较为清晰的认识，发掘范围包括塔院遗址、东院遗址、三座窑址和北门遗址。遗址出土砖、瓦、瓦当、鸱尾等建筑材料以及陶器、瓷器残片，金属小型造像以及石刻造像残块。还出土一件石灯台残段，为八角柱形，上部灯室及下部基座已失，八角每面均刻经文，前半部择录《佛说施灯功德经》，后半部为《佛顶尊胜陀罗尼》经文。灯台应为唐会昌五年（845年）唐武宗灭佛时所毁[1]。

青龙寺遗址曾出土一件般若波罗蜜多心经造像，为扁体拱尖形，龛内浮雕一佛二菩萨，分别为阿弥陀佛、观世音菩萨和大势至菩萨。阿弥陀佛头顶乳钉状高肉髻，袒露右胸，身着通体袈裟，双臂残断，结跏趺坐于出茎莲花须弥座上，脑后有桃形头光。观世音菩萨头束高发髻，饰颈圈，袒上身，腰束裙带，下着长裙，右手执拂尘，左手下垂，提净瓶。大势至菩萨头顶高发髻，袒上身，腰束裙带，下着长裙，左手托瓶状物，右手提披巾。佛、菩萨立于一茎生出的三朵莲花之上。阿弥陀佛、观世音菩萨和大势至菩萨合称“西方三圣”，又称阿弥陀三尊。阿弥陀佛代表无量光明，无量寿命，无量功德；观音菩萨代表大慈悲；大势至菩萨代表喜舍。三圣像常在一起供奉。造像左侧面、右侧面及背面，是用楷体刻成的《佛说般若波罗密多心经》和《佛顶尊胜陀罗尼咒》。该造像佛、菩萨面相丰满圆润，造型优美，雕琢精致，当为盛唐时期的作品（图5-12）。

青龙寺是长安名寺，是佛教密宗的重要道场。有唐一代，日本、新罗等国僧人来中国求法，多居于青龙寺内。日本著名的“入

---

[1] 中国社科院考古所西安唐城队：《唐长安青龙寺遗址》，《考古学报》1989年第2期。

图 5-12　西安青龙寺遗址出土般若波罗蜜多心经造像

唐八大家”中的六家：空海、圆行、圆仁、惠远、圆珍、宗睿就受法于此。因此青龙寺是日本人心目中的圣寺，是日本佛教真言宗的祖庭，在佛教对外交流上占有重要的位置。

（四）泥塑金装为佛像——造像

公元 1 世纪，在古希腊雕塑艺术影响下，在印度西北部的犍陀罗地区率先产生了佛教造像艺术。随着佛教教义的传播，佛教哲学思想同中国传统文化中的儒家、道家思想相结合，其原先所包含的宗教色彩减淡，哲学成分增多，更易为士大夫所接受。佛教造像艺术也在中原的广大地区流行起来，逐步形成了具有中国特色的佛教造像体系。陕西南北朝时期的佛教造像现留存最多，并具有鲜明的艺术风格特点。

造像是佛教文化的重要组成部分，是佛教信徒们供奉和祈祷的对象，我国的佛教造像最早出现于汉明帝永平十年（67 年）。东晋十六国之后，定型化的单独佛造像在各地普遍出现。北魏早期的佛造像，佛面形椭圆，丰满圆润，造型端庄。北魏后期，菩萨面形趋于清瘦，脖颈细长，丰神秀骨。隋及唐初期，佛造型体态壮硕，面相丰满。盛唐时期，佛教造像精致程度达到顶峰，比例舒展匀称，动态活泼，造型精纯完美。晚唐时期，佛造像趋于柔媚纤丽。宋元之后，佛教造像造型趋于世俗化。就其材质而言，有石质造像、铜质造像和其他造像等。

1. 石质造像

石质造像是佛教造像中数量最多、工艺最精美、应用最广泛的造像形式。从造型上分，石质造像种类有造像碑、造像塔、背屏式造像、龛式造像和圆雕造像等。

① 造像碑

造像碑是以雕刻佛像为主的碑刻。借鉴石碑外形，在其上开龛造像，同时刊刻发愿文、供养者姓名等铭文，形成了造型艺术与文字题记结合的独特样式。陕西耀县药王山北魏始光元年（424 年）魏文朗造像碑，是陕西地区最早的造像碑。造像碑兴盛于北朝，由唐代开始逐渐减少。现存的造像碑即以北朝时期居多。

1972 年，西安西未央区出土一件四面造像碑，刻于西魏大统三年（537 年）。碑体为竖长方形，四面雕刻。正面雕刻两层龛，上层开大屋顶形龛，龛内浮雕维摩诘与文殊对坐。维摩诘高肉髻，身着交领宽袖外衣，结跏趺坐于莲花座上，左手扶案，右手执尘尾。文殊头戴高花冠，颈饰项圈，肩搭帔帛，下着长裙，双手施无畏与愿印，结跏趺坐于莲花座上。维摩诘与文殊之后有两身胁侍菩萨，跣足立于长茎莲花座上。两位胁侍菩萨站立的莲花座下，有一裸体力士蹲坐于墩上，双手用力上举长茎莲花座，两侧各有五身比丘。文殊身后站立一人，维摩诘身后站立二人，其间还有两个人头，表示众多人围观。下层为长方形龛，内有两个圆形伞盖，一伞盖下浮雕一佛，高肉髻，身披袈裟外衣，内着僧祇支，下着长裙，腰系裙带，左手施无畏印，右手托一物跣足站立。身左有三童子，右侧立一弟子。另一伞盖下浮雕一菩萨，头戴高花冠，颈饰项圈，胸佩璎珞，肩搭帔帛，下着长裙，双手施无畏与愿印。菩萨的两侧各站立一身双手捧物的弟子。

左侧面分三层，从上至下依次为：第一层为开尖拱顶形龛，龛内浮雕一菩萨二弟子，菩萨头戴花冠，颈饰项圈，肩搭帔帛，下着长裙，双手施无畏与愿印，二弟子站立于两侧；第二层为方形龛，龛额为圆伞形，龛内浮雕一佛，高肉髻，身着袈裟外衣，内着僧祇支，双手置于腹前，结跏趺坐；第三层中间二童子跪扛莲花座，座上置一香熏。

右侧面分三层，从上至下依次为：第一层雕刻伞盖形龛，龛内浮雕一菩萨，交腿侧身坐于大象背上，两侧各站立一身供养人；第二层雕刻方形龛，龛内雕刻维摩诘与文殊对坐；第三层雕刻双鹿对卧，两鹿之间有一香熏。

背面分三层。从上至下依次为：第一层开尖拱顶形龛，龛内浮雕一佛二菩萨。佛头面残损，身着通肩袈裟外衣，内着僧祇支，下着长裙，腰系裙带，双手施无畏与愿印，结跏趺坐。左侧菩萨头戴花冠，颈饰项圈，肩搭帔帛，下着长裙。左腿置于右腿上，跣足半跏趺坐于高台座上。右侧菩萨面、左手、右腿残，颈饰项圈，肩搭帔帛，右手支颐，左手似扶脚腕，跣足善跏趺坐于高台座上。第二层开方形龛，龛内浮雕一佛二菩萨，佛与上层龛内主佛近同，两侧菩萨头戴花冠，颈饰项圈，肩搭帔帛，下着长裙。右侧菩萨双手抱宝珠，左侧菩萨双手捧钵，菩萨座下各有一头护法狮子。第三层雕刻铭文题记，由右至左为："魏大统三年岁次丁巳信月甲子朔二十八日辛卯比丘法和割裕衣□之余为皇帝□□师僧父□

图 5-13 西安未央区出土四面造像碑

敬造释迦多宝定光弥勒维摩文殊观世音菩贤石像各一区愿法界众生之□竟发菩提心□此善弥勒三会同登初首”[1]（图 5-13）。

造像碑多为家族、个人和宗教信仰组织社邑出资雕刻，是佛教艺术和中国传统碑石相结合的艺术形式。这一独特的宗教艺术形式在诸多方面比较完整地反映了其在北魏时期民间造像艺术中的面貌，以及这一时期宗教信仰和民族融合的历史情况。

② 造像塔

造像塔源于印度，塔又称塔婆或浮图等。传入中国后，中国工匠结合传统艺术风格，创造了各式造像塔。其多用于藏高僧所化的骨灰、舍利或佛教经卷，周围浮雕佛、菩萨或佛教故事等，虽不高大，但雕刻内容丰富，题材广泛。造像塔可分为单层和多层两种。

1975 年，西安市南郊夏家庄出土一件覆钵式造像塔，为西魏时期的佛塔。塔刹残，略呈方形的覆钵式塔顶四周雕刻卷云如意纹，下叠涩出檐。塔身四面有佛龛。正面为圆拱顶形龛，尖拱

[1] 西安市文物保护考古所：《西安文物精华——佛教造像》，第 46 页，世界图书出版西安有限公司，2010 年版。

图 5-14
西安市南郊夏家庄出土覆钵式造像塔

顶楣额内饰火焰纹，龛内浮雕一佛二菩萨，佛、菩萨的头、面、颈、臂、手等多处残缺，佛着通肩袈裟衣，结跏趺坐于仰莲座上，袈裟遮盖座的上部。两侧菩萨肩搭帔帛，帛带绕臂一周后垂落于两侧，下着长裙，双手启十跣足站立于仰莲座上。佛座两侧各有一头向内，面向佛的护法狮子，昂首卧于地上。其他三面造型基本同于正面，菩萨或双手合十，或执宝瓶，或执莲花。塔基四面正中均阴线刻画香薰，两边各有一身供养人，身旁有题名，但多已残损漫漶，只能辨出“比丘尼道胜，比丘尼伏妙，比丘尼智明……”几个字[1]（图 5-14）。

1977 年，西安市西五路西段出土一件张士信造像塔。塔造于隋文帝开皇九年（589 年），通体为阿育王塔形，由塔顶、塔身与塔基三部分组成，塔顶为覆钵形，塔身四面各雕刻一个尖形拱龛，龛内浮雕一佛，方面大耳，面带微笑，身披袈裟，双手置于腹前施禅定印，结跏趺坐于圆形高台座上。塔基正面阴线雕刻一矮人头顶圆盘，两边各线刻一个护法狮子。左右侧面各阴线雕刻两身供养人。背面铭文题记：“开皇九年二月七日佛弟子张士信敬造四面佛像一区”[2]（图 5-15）。

---

[1] 王锋均：《西安地区西魏石刻佛教造像的类型及特征》，《文博》2011 年第 2 期。

[2] 西安市文物保护考古所：《西安文物精华——佛教造像》，第 102 页，世界图书出版西安有限公司，2010 年版。

③ 背屏式造像

图 5-15
西安市西五路出土张士信造塔

背屏式造像是以背屏的形式表现佛、菩萨背后的神光，以此来区分和凡人的不同。这种造像形式最早起源于印度，印度僧人来长安弘法之时，将背屏式佛像带入中国，北魏初年传入长安，是北朝隋唐时期广为流传的一种造像形式。

1974 年，西安市西关王家巷出土一件背屏式造像，为北魏和平二年（公元 461 年）的释迦坐像。佛结跏趺坐于方形束腰台座上，施禅定印，身着袒右式袈裟，并敷搭偏衫，双目下垂，神情宁静、端庄。两侧有胁侍菩萨，身后为刻饰精美的舟形背光，背光后面亦刻有佛传及佛本生故事，如释迦树下诞生、九龙浴太子、阿夷占相等，均采用浅浮雕的技法雕刻，画面没有分格，但布局丰盈有序，和谐生动，线条飘逸富有动感[1]（图 5-16）。

图 5-16 西安市西关王家巷出土释迦坐像

1996 年，西安市公安局移交一件北魏太和四年背屏式造像，造像正中浮雕一佛二菩萨，佛头顶部为螺

[1] 西安碑林博物馆：《长安佛韵——西安碑林佛教造像艺术》，第 45 页，陕西师范大学出版社，2010 年版。

图 5–17
北魏太和四年背屏式造像

旋形高肉髻，眉目清秀，身着袈裟外衣，内着僧祇支，下着长裙，右臂上屈，掌心朝外，施无畏与愿印，跣足立于莲花形方座上，两侧立有两位菩萨。背屏上部用阴线浅刻熊熊燃烧的火焰纹，佛有椭圆形背光和圆形顶光，顶光内饰缠枝花与宝相花，菩萨有桃形顶光。底座上有题记，记载造像时间、立像人、供养人、发愿内容等[1]（图 5–17）。

④龛式造像

龛式造像由造像碑演化而来，一般为单面雕刻，多见扁体方形和扁体拱尖形。

图 5–18
西安市草滩出土一佛二菩萨造像龛

1975 年 4 月，在西安市未央区草滩出土一件一佛二菩萨造像龛，龛为扁体方形，正面雕刻天盖帷幕龛，四周有边框，天盖之上雕刻一排莲花、莲蕾及火焰纹，天盖之下饰重叠下垂的厚重帷幕。龛内浮雕一佛二菩萨，佛磨光高肉髻，面形丰满，眉目清秀，大耳，身着双领下垂式通肩袈裟外衣，内着僧祇支，下着长裙。双手施无畏与愿印，跣足善跏趺坐于须弥座上。两侧菩萨头戴花冠，面形丰满，眉目清秀，颈戴项圈，肩搭帔帛，上身半裸，下着长裙，一手执莲蕾，一手置于腹前，跣足立于莲花座上[2]（图 5–18）。

⑤ 圆雕造像

[1] 西安市文物保护考古所：《西安文物精华——佛教造像》，第 16 页，世界图书出版西安有限公司，2010 年版。

[2] 西安市文物保护考古所：《西安文物精华——佛教造像》，第 74 页，世界图书出版西安有限公司，2010 年版。

圆雕造像北魏晚期开始出现，是最具雕塑感和艺术感的造像形式。代表了佛教造像的最高艺术水准，西安地区北魏开始出现圆雕石刻佛像，但数量很少，北周时，大型单体圆雕造像骤然增多，这与北周时期高官显贵崇信佛教、大造佛寺的历史背景有着密切关系。唐代时，长安作为都城，寺院林立，宗派纷呈，造像艺术也达到了高峰。其圆雕佛像比例匀称，体态自然，动感较强，在雕刻手法和精致程度上都达到顶点，保留下来一系列精美的造像作品。

1984 年，西安市碑林区沙坡砖厂出土一件唐代圆雕菩萨像残躯，头、脚、手臂均残缺，十分精美。胸佩精美华丽的瓔珞，瓔珞从双肩下垂，在腹部相交，再下垂至小腿部向上弯，非常华美精致。造像臂着钏，肩搭帔帛，帛带自双肩下垂至臀部，向上搭于右臂，再自然垂落。上身半裸，下着轻薄透体、装饰华丽的长裙，裙腰向下翻卷，腰束一莲花纹腰带。菩萨腰肢扭曲，臀部左倾，身姿呈“S”形，造型优美，线条流畅[1]（图 5-19）。

图 5–19
西安市碑林区沙坡砖厂出土菩萨像

1987 年西北民航局在西安市西郊沣镐西路以南、劳动南路以西，原西安民航机场的北侧基建时发现一唐代的大灰坑及废井，出土了大量石刻造像及其残块。经研究考证，这里应属唐代礼泉寺遗址的范围。因此，这批石刻造像及善业泥造像，应属于礼泉寺的遗物。其中一尊彩绘立佛异常精美，立佛方面大耳，五官秀丽，小螺卷形高肉髻，双目微睁，嘴小唇薄。身着圆领低

[1] 西安市文物保护考古所：《西安文物精华——佛教造像》，第 169 页，世界图书出版西安有限公司，2010 年版。

【佉卢文】

佉卢文是起源于古代犍陀罗，后来流行于中亚广大地区的一种文字，是丝绸之路上重要的通商语文和佛教语文。最早在印度西北部和今巴基斯坦一带使用，公元 1 ~ 2 世纪时在中亚地区广泛传播。公元 4 世纪中叶随着贵霜王朝的灭亡，佉卢文也随之消失。

图 5-20
唐礼泉寺遗址出土
彩绘立佛

图 5-21
唐礼泉寺遗址出土
菩萨残躯

袈裟外衣，内着僧祇支，下着贴体长裙。右臂从肘部向前平抬，手托宝珠，左臂上屈，手执袈裟衣角，跣足立于莲座上。袈裟上原有红白彩绘，并有贴金装饰，现已脱落。佛像雕刻刀法漫圆娴熟，石质玉润，凸显盛唐风格。其衣服纹理，随着立佛的姿态，疏密有致，带有“曹衣出水”的韵味。这尊佛像显示了唐代雕刻艺术已臻成熟，是不可多得的佳作（图 5-20）。

礼泉寺遗址还出土了一件圆雕菩萨像残躯，现存上半身，腰部以下残缺。头戴高花冠，冠上饰莲瓣纹圆牌饰、响铃、珍珠纹锦索带、莲瓣牌、瓔穗等物，纹饰多样，排列对称，华美庄严。宝缯垂于肩两侧，大耳，戴耳环，面相丰满圆润，广额方颐，鼻梁直挺，嘴角上翘，面带微笑。肩搭帔帛，颈带宽项圈，颈搭瓔珞下垂，右臂半举，手握柳条。虽然是半身胸像，但是装饰极为精美华贵，是唐代造像中的代表作品[1]（图 5-21）。

2. 铜质造像

除石质造像外，鎏金银铜质造像的出土数量亦很丰富。1979 年，西安市长安区黄良乡石佛寺中出土一件十六国时期的青铜鎏金铜坐像。佛像呈坐姿。通体鎏金，头部面相方圆，广额，面带微笑，头梳束发式钵形高肉髻。身着圆领通肩袈裟，领带自右肩绕胸搭于左肩后，双手相叠，掌心朝内，左手在里，右手在外，

[1] 西安市文物保护考古所：《西安文物精华——佛教造像》，第 121 页，世界图书出版西安有限公司，2010 年版。

施禅定印。结跏趺坐于一饰有几何、菱形纹，前方后圆的台座上。脑后有两圆孔，是为固定背光所置。佛像背后座上有一行佉卢文，意为“此佛为智猛所赠，谨向摩列迦之后裔，弗斯陀迦慧悦致意”。弗斯陀迦慧悦应是大月氏望族摩列迎的后裔[1]（图5-22）。

图 5-22
西安市长安区出土青铜鎏金坐佛

1977年，西安市莲湖区土门出土一件鎏金西方三圣铜造像，造像由一葵瓣形镂空高座、海棠形插座、花插、一佛、二菩萨组成。中间是接引众生前往西方极乐世界的阿弥陀佛，左侧是观世音菩萨，右侧是大势至菩萨。阿弥陀佛头顶高肉髻，大耳，秀目，上身着敞领袈裟外衣，内着饰网格纹的僧祗支，下着裙式长裤。右手上举，掌心朝外施无畏印，左手下垂，手指向下施降魔印。结跏趺坐于圆形座上。观世音菩萨头戴化佛冠，曲眉秀目，颈饰两道带铃的璎珞。右肩斜搭长璎珞，腕戴镯。袒露上身，下身着长裙。右臂持柳棱，左臂下垂，提净瓶，结跏趺坐于圆形座上。大势至菩萨头戴宝冠，颈饰两道璎珞，左肩斜搭长璎珞，腕戴镯。裸露上身，下身着长裙，长巾绕臂下垂，手持莲枝，结跏趺坐于圆形座上。三圣均有镂空背光，周围是熊熊燃烧的火焰，内饰莲枝、莲瓣或方格形纹饰。三圣圆座下是同出一梗的三莲枝，莲枝下有一花瓣形高床[2]（图5-23）。

---

[1] 西安市文物保护考古所：《西安文物精华——金银器》，第29页，世界图书出版西安有限公司，2008年版。

[2] 西安市文物保护考古所：《西安文物精华——佛教造像》，第126页，世界图书出版西安有限公司，2010年版。

图 5-23
西安市土门出土鎏金西方三圣铜造像

3. 其他造像

除石质造像和铜质造像外，陶质造像和瓷质造像也是常见的造像形式。这里我们重点介绍一下善业泥。

善业泥，是善业泥佛像的简称。它是将和好的泥土压印在木模或铜模上，取出阴干后，再经过低温烧造而成。唐代的善业泥佛像是高僧玄奘从印度归国后仿效印度做法，藉为唐太宗与长孙皇后祈福之机，在都城长安制造的一种佛像形式。此一风尚只流行于长安及其周围地区，主要出现在唐代永徽、显庆年间。

1985 年，西安市雁塔区唐大慈恩寺大雁塔附近出土一块善业泥，上部圆形，下部方形，陶质细腻坚硬，无沿。正面佛螺形高肉髻，面形丰满。身着袒右肩的长袖通肩袈裟衣，右手五指伸直向下置于右膝盖上施触地印，左手置于腹前施禅定印结跏趺坐于须弥座上。肩以上有同心圆形顶光。二胁侍菩萨头戴高花冠，颈饰项圈，袒露上身，肩搭长帔帛，下身着轻薄透体的长裙。左臂上屈，右臂下垂，跣足立于莲花座上。佛座下方有七行小字，有些字已漫漶不清，上题：“诸法从缘生如来说是因□（诸）□法□（从）□（缘）灭大沙门所说”，当是佛家偈语。背面为两排竖行题记，上题：“印度佛像大唐苏常侍等共作”。“常侍”是唐代内侍省官名，《新唐书·百官志》载“内侍省有内常侍六人，正五品”[1]（图 5-24）。

---

[1] 西安市文物保护考古所：《西安文物精华——佛教造像》，第 186 页，世界图书出版西安有限公司，2010 年版。

1954 年，西安市玉祥门外也出土一件善业泥，其形制、内容同大雁塔出土苏常侍善业泥相似，背面题记为：“印度佛像大唐苏常侍普同等共作”。苏常侍共造泥佛像在长安一带出土较多，学者曾对苏常侍其人进行了考证，陈直先生认为苏常侍是唐玄宗时的宦官杨思勖，其本姓苏。佛像称苏常侍仍用本姓，不用冒姓，当是杨思勖早年的事。

图 5–24
西安市大雁塔附近出土善业泥

佛教造像是带着宗教情感的艺术创作活动，使观者既可领略到佛造像的艺术风采，还可感受到佛造像艺术所蕴涵的佛教哲理。尤其是唐代的圆雕佛像，受到犍陀罗雕塑艺术的影响，融合本土雕刻工艺，表现内容更丰富、表现范围更扩大、表现技巧上更熟练。中国佛教美术完整的、成熟的风格也在此时完全形成了。

三、金盘响清梵——印度金银器

（一）滨海故多摩羯鱼——摩羯纹

摩羯，亦称摩竭、摩伽罗。在印度神话中，其形象为一种兽头、长鼻、利齿、鱼身鱼尾的动物。摩羯被认为是是河水之精，生命之本，有着翻江倒海的神力。它或源于鲸鱼，或源于鳄鱼。其性恶，能损坏船只、加害于人。释迦牟尼引导摩羯弃恶从善，摩羯也就成了佛教的神物[1]。

[1] 王飞：《摩羯纹饰的中国化进程及演变规律——以考古发现之文物为例》，第 3 页，内蒙古大学硕士论文，2013 年版。

摩羯纹饰常见于古代印度的雕塑、绘画艺术之中，多见于寺院建筑的塔门之上。现知最早的摩羯纹饰大约出现于公元前3世纪中叶[1]。据孙机先生研究，摩羯的形象，通过佛教经典、印度与中亚的工艺品，以及天文学上的黄道十二宫中的摩羯宫等渠道传入我国[2]。2000年发掘的西安北周安伽墓出土的围屏石榻上，就浮雕有摩羯头部图案。

图 5-25
西安市太乙路出土摩羯纹金长杯

图 5-26
西安市城建局移交海棠形摩羯纹银杯

摩羯纹器物主要发现在唐代。1970年，西安市太乙路出土一件唐代摩羯纹金长杯，杯内底中心捶揲出的便是凸起的摩羯戏珠图案、底纹是錾刻细密的水波纹[3]（图5-25）。1968年，西安市城建局移交了一件唐代海棠形摩羯银杯（图5-26），口与腹部略呈椭圆形。杯身内侧錾有写实荷叶，口沿以杯最长径及最短径等分为四个部分，每部分半片荷叶，叶缘伸向腹内，与底部伸展开的一片荷叶叶缘相接，叶脉细密流畅，杯内部中心为双摩羯环绕一隆起的火焰宝珠，器型、纹饰均捶揲成型，

[1] 岑蕊：《摩竭纹考略》，《文物》1983年第10期。
[2] 孙机：《摩羯灯》，《文物》1986年第12期。
[3] 申琴雁：《金银器——陕西历史博物馆珍藏》，第150页，陕西人民美术出版社，2003年版。

花纹平錾，杯体内侧鎏金，外侧素面。多曲长杯是伊朗萨珊的典型器物，这件器物的器型由多曲长杯发展而来，可说是集中、印、萨珊波斯文化为一体，是三方政治、经济、文化交流融合的产物。1981 年，西安市未央区三桥镇陕棉十厂也出土一件摩羯纹银钗，银钗表面鎏金，钗杆残断，钗首为花瓣形，中间有两朵莲花，上有一摩羯，摩羯长鼻上翘，鱼身，口含球作跳跃状。摩羯是唐代金银器的常见纹饰，带有浓厚的佛教意味（图 5-27）。

图 5-27 西安市未央区三桥陕棉十厂出土摩羯纹银钗

佛教纹饰装饰是汇集了印度宗教艺术、犍陀罗艺术等多种艺术形式的结晶，在中国的发展变化过程中，同传统艺术形式相结合，演变成中国民众喜闻乐见的题材。除摩羯纹外，还有诸多佛教纹饰随着宗教的传播进入我国，并广泛应用于生活方方面面，如瓔珞、菩提、法轮等，在此不一一赘述。

（二）金钏镂银朵——金饰品

1957 年 8 月，西安市玉祥门隋李静训墓中出土一金项链和两只成对的金手镯，风格十分独特。据学者研究，金项链的原产地应为巴基斯坦（古印度的一部分）或阿富汗地区，金手镯则出

图 5-28
李静训墓出土金项链

于北印度[1]（图 5-28）。项链是由 28 个金质球形饰组成，每颗金球上各嵌十颗珍珠，珍珠多已脱落，各球之间系用多股金丝编织的链索相连接。项链两端用一金纽联接，金纽中间镶嵌一深蓝色珠饰，珠饰之上刻一阴纹驯鹿。左右两组金球链索之顶端各有一方形嵌青金石的金饰，其上附一金环，纽饰两端之钩纳入环内。项链的下端为一垂珠饰，由六件小饰物组成。居中为一圆形金饰，其上嵌圆形鸡血石，鸡血石之外嵌一圈 24 颗珍珠，两侧各有一个方形和圆形金饰，上嵌蓝色宝石。金饰最下挂一卵形垂饰[2]。金项链左右两侧的链珠均由 12 个小金环焊接而成，每环外围饰小焊珠一周，大焊珠五颗。这种链珠又称多面金珠，在巴基斯坦、印度东部海岸及越南南部海岸均有发现。金项链下边的卵形垂饰为珍珠边，嵌宝石，此种形制多见于印度、阿富汗地区，项链上的青金石也产于阿富汗一带。综合以上因素，该项链的产地也应为印度、阿富汗一带。

李静训墓出土的手镯为一对。椭圆形，分成四节，上嵌珠（似为玻璃）。各节以方形嵌青绿色玻璃珠的小节相连。开口处有一钮饰，一端为一花瓣形扣环，上嵌小珠六个，另一端为一钩，钩之端亦有一嵌珠。钩及环之另端均为活轴，可自由开合。钩端套以小珠，尚残留一粒[3]。金手镯和金钏在中国古代并不多见，镶嵌玻璃的更是绝无仅有，但在古印度及其周围地区却十分盛行。

[1] 熊存瑞：《隋李静训墓出土金项链、金手镯的产地问题》，《文物》1987 年第 10 期。
[2] 中国社会科学院考古研究所：《唐长安城郊隋唐墓》，第 16 页，文物出版社，1980 年版。
[3] 中国社会科学院考古研究所：《唐长安城郊隋唐墓》，第 17 页，文物出版社，1980 年版。

对比印度地区的出土资料，可以推测该手镯的形制来源于印度，至于其产地是否在印度，目前尚无法得知（图5-29）。

图 5-29 李静训墓出土金手镯

1971年，西安市灞桥区红旗乡郭家滩村出土两件金菩提树，由主杆、树枝、花朵、树叶组成，大、小树枝上布满花朵树叶，树干上还有树节，根部有长藤向树上盘绕。树上的花朵原嵌有绿松石，树的主杆、根及部分树叶上有小孔，为穿铆钉所用。因此，这两件金树应为某件器物上的装饰品（图5-30）。

菩提树本为南亚一带的树种，僧人常以其树籽做念珠。相传，释迦牟尼在菩提树下静坐七天七夜，终于得证大道。对于佛教徒而言，菩提树是佛教“圣树”。唐初，禅宗六祖慧能所题偈语中有“菩提本无树，明镜亦非台。本来无一物，何处惹尘埃”句，成为佛家理论“四大皆空”的经典。菩提树形象的出土，是佛教在中土深入传播的结果，也是中国和南亚交流的友好见证。

图 5-30
西安市灞桥区红旗乡郭家滩村出土金菩提树

【陆】

东海是西邻，千年圣主臣

——东亚篇

东亚地区同中国联系最密切的当属朝鲜和日本，则这两个地区受到中国的汉化影响为较深远。公元前 108 年，中国在朝鲜半岛北部设立乐浪、玄菟、临屯、真番四郡，史称“汉四郡”。公元 4 世纪以后，发源于吉林的中国少数民族高句丽在鸭绿江流域兴起，统一朝鲜半岛北部。百济和新罗在半岛南部兴起。朝鲜半岛进入高句丽、新罗、百济三国鼎立的时期，韩国学者称其为“三国时代”。公元 7 世纪，新罗在唐朝的帮助下统一朝鲜半岛，史称“统一新罗时代”。918 年，后高句丽大将推翻新罗，改国号为“高丽”，统治朝鲜半岛五个世纪之久。1392 年，高丽大将李成桂建立“朝鲜王朝”，即李氏朝鲜，国祚一直延续到近代。

日本在公元前 3 世纪前后至公元 3 世纪前后被称为弥生时代，这一时期日本各地有 100 多个小国，其中一些同东汉建立了外交关系，中国称其为倭或倭国。公元 300 年至公元 600 年为日本古坟时代，盛行修筑古坟，这是中国许多知识和技术传入日本的时期。日本其后又经历了飞鸟时代、奈良时代、平安时代、镰仓时代、南北朝时代、室町时代、战国时代，期间与中国一直保持着紧密的外交联系。

一、诗书直化三韩远——朝鲜

中国与朝鲜山水相连，中国与朝鲜半岛的文化交往也溯源久远。远在古朝鲜时期（公元前 5 世纪至 1 世纪中叶），中原的儒学与汉字便已传入朝鲜。自 4 世纪初到 7 世纪中叶，朝鲜半岛上高句丽、新罗、百济三国鼎立，唐高宗显庆五年（660 年），唐出兵与新罗联合灭百济；总章元年（668 年），唐灭高句丽。此后，新罗统一了朝鲜半岛。新罗在统一朝鲜半岛后，继续与唐保持着密切的交往，经常派遣留学生赴唐求学，派遣学问僧求法，积极学习唐文化。众多僧侣、商人、农民在唐朝定居，促进了两国文化的蓬勃发展和国势的繁荣昌盛（图 6-1）。

（一）百济称藩新内附——百济

图 6-1 古代朝鲜

从南北朝起，百济同中原便保持着包括册封、吊祭、通使、朝贡等政治往来，多有记载见诸史料，在此不一一赘述。显庆五年(660 年)，由于百济与高句丽联合攻打新罗，唐王朝派大将苏定方进攻百济，俘百济王义慈归唐，义慈随即病死。百济人迎故王子扶余丰于倭国而立为王，唐兵打败扶余丰于白江口，丰败走，不知所终，百济地以后尽归新罗。陕西出土百济人墓志较多，较典型的有祢氏家族墓志、唐嗣虢王李邕王妃扶余氏墓志等，多为近些年内出土。其中的祢氏家族墓志，对于研究入唐的百济后裔有着重要的意义。

1. 祢氏家族

2007 年 3 月，《东北史地》杂志发表了一篇题为《洛阳、鲁山、西安出土的百济人墓志探索》的论文，首次公布了一方出土于西安，随后转卖至洛阳市的文物坊肆，最终由洛阳大学收藏的墓志。

该墓志题为《大唐故左威卫大将军祢寔进墓志之铭》[1]，墓志开篇便说"公讳寔进，百济熊川人也"。熊川（今韩国公州市）为百济国都，墓主人当是在唐的百济人无疑。墓志中说"公器宇深沉，干略宏远；虚弦落雁，挺剑飞猨。夙禀贞规，早标义节。占风异域，就日长安"。"岂与夫日磾之辈，由余之俦，议其诚绩，较其优劣者矣。"在着重记叙了墓主人武将风度的同时，用金日磾、由余的典故，比喻墓主人的平生。金日磾，字翁叔，本匈奴国休屠王子太子，汉武帝时被霍去病俘虏至长安，后官至车骑将军，武帝去世后，受遗诏辅政，封秺侯，死后陪葬茂陵。由余，春秋时晋国人，任西戎之臣，因胆识超群，奉戎王之命出使秦国。秦穆公喜其才而留为臣，任为上卿。为秦穆公出谋划策，称霸西戎，使秦位列春秋五霸。用此二人同墓主人相比较，暗示良禽择木而栖之意，隐含墓主人是投降唐朝而获重用的武将。

祢姓，在中国十分罕见，中国有记载的祢姓人只有东汉祢衡一人而已。百济国王姓扶余，国中大姓中并没有祢姓，文献记载的祢姓人也很少。正在学者们对这个姓氏感到无处入手的时候，2010 年春，西安市文物保护考古所在陕西省西安市长安区郭杜街道办事处配合一处新征地建设项目的考古发掘中，出土了三座可明确判断为唐代祢氏家族的墓葬，墓主人为祖、父、子三代[2]。

三座墓葬中一座被盗，按照墓志记载，另两座墓的主人分别为唐云麾将军、左武卫将军、上柱国、来远郡开国公祢素士和祢素士长子虢州金门府折冲祢仁秀。被盗掘的这座墓葬是三座墓葬当中等级最高、规模最大的一座，结合墓葬的排列分布、形制、

[1] 董延寿：《洛阳、鲁山、西安出土的唐代百济人墓志探索》，《东北史地》2007 第 2 期。

[2] 张全民：《新出百济移民祢氏家族墓志考略》，《唐史论丛（第 14 辑）》，陕西师范大学出版社有限公司，2012 年版。

出土器物以及祢寔进本人墓志记载的埋葬时间、埋葬地点来看，这座墓的主人应为上文所述的祢寔进无疑。

根据墓志记载，祢氏先祖为中国人，为避战乱，曾在西晋和隋末两次迁徙到百济，并在百济担任高官。唐高宗显庆五年（660年），唐朝派左卫大将军苏定方统兵，联合新罗灭掉了百济，在百济旧地设立了熊津、马韩、东明、金涟、德安五个都督府，以百济原来的大小酋长为都督、刺史及县令进行管理，百济国王、太子、王子以及高级将领58人，被押送到唐都长安。唐高宗赦免了百济君臣与唐为敌的罪过，并分别给他们委任了官职，从此百济国王室及其后裔便在中国定居下来。根据祢仁秀墓志的记载，其祖父祢寔进“有唐受命，东讨不庭，即引其王归义于高宗皇帝”，可见，祢寔进是在百济归降之时来到唐朝，而且在百济王投降这一历史事件中担任了重要角色。

2011年，西安也新出土一方墓志，志盖阴刻篆书《大唐故右威卫将军上柱国祢公墓志铭并序》，根据墓志记载，墓主人为祢军[1]。《祢军墓志》中载“曾祖福、祖誉、父善，皆是本藩一品”。而《祢寔进墓志》载“公讳寔进，百济熊川人也。祖左平誉多，父左平思善，并蕃官正一品”。比较两篇墓志铭所载的内容，可以看出，祢军祖父誉、父善，祢寔进祖父誉多、父思善。因碑志中常取一字而称其名，所以，祢军和祢寔进的祖父、父亲很可能是同一人，按照墓志资料可推知祢军生于隋炀帝大业九年（613年），而祢寔进生于大业十一年（615年），故祢军应为祢寔进的兄长。祢军墓志的出土，为祢氏家族的研究增添了重要的考古资料和文献资料（图6-2）。

祢军其人，在韩国史书金富轼所著的《三国史记》中有几处

[1] 王连龙：《百济人〈祢军墓志〉考论》，《社会科学战线》2011年第7期。

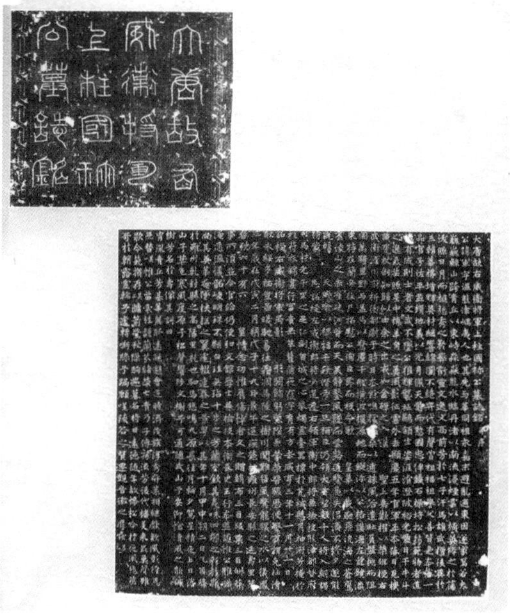

图 6-2 祢军墓志及志盖

提及。《旧唐书·苏定方传》中记载了百济大将祢植带领百济义慈王向唐朝投降之事：“定方命卒登城建帜，于是泰开门顿颡。其大将祢植又将义慈来降，太子隆并与诸城主皆同送款。百济悉平，分其地为六州。俘义慈及隆、泰等献于东都”。分析《苏定方传》所载事件本末后可知，祢植阵前倒戈，胁迫义慈王投诚，从而在整个归降过程中发挥了关键作用。祢仁秀墓志中记载祢寔进“引其王归义于高宗皇帝”，祢军墓志则记“献款夙彰，隆恩无替”。献款，是归顺、投诚之义。有学者认为，祢军即是祢植，也有认为祢寔进即是祢植的。至于历史真相如何，尚有待进一步考证。

2. 扶余氏墓志

2004 年 3 月，陕西省考古研究所对位于陕西省富平县杜村镇北吕村西北的唐嗣虢王李邕墓进行了抢救性考古发掘。出土了唐嗣虢王李邕及其夫人扶余王妃的墓志。扶余王妃墓志因盗掘扰动，出土时被打碎为三块，但可拼合。志盖题“唐故虢王妃扶余志铭”[1]。志文称：“太妃扶余氏讳，皇金紫光禄大夫故卫尉卿

[1] 陕西省考古研究院：《唐嗣虢王李邕墓发掘简报》，《考古与文物》2012 年第 3 期。

带方郡王义慈曾孙，皇光禄大夫故太常卿袭带方郡王隆之孙，……家本东方之贵世，生南国之容。”可以看出，扶余王妃的曾祖父就是百济末代王扶余义慈，祖父是太常卿袭带方郡王扶余隆。

扶余义慈是百济末代国王，唐灭百济之后，扶余义慈投降唐朝，同太子扶余隆及其他皇子来到东都洛阳。不久，扶余义慈死亡，唐朝追赠扶余义慈为卫尉卿，葬于洛阳孙皓、陈叔宝墓左。扶余隆死于洛阳，葬于洛阳北邙山，其墓志于民国八年（1919年）出土，现藏于开封博物馆，在罗振玉编《芒洛冢墓遗文》中有收录。扶余氏墓志的出土，对厘清百济王室入唐后的繁衍情况有重要意义。《旧唐书·李巨传》载李巨之母为扶余氏，李巨是李邕之子，这一点可与墓志内容相互印证。此外，《旧唐书》还载李邕之妻扶余氏是“吉温嫡母之妹”，说明扶余氏家族中还有女子嫁入吉氏家族。扶余氏嫁与唐嗣虢王李邕，开元二十六年卒于长安，后陪葬唐高祖献陵之侧。扶余氏同李唐皇室的联姻，可在一定程度上看出百济王室在唐的生活境况是较为宽松的，也从侧面反映出百济王室在入唐之后的汉化过程以及唐代的少数民族政策。

（二）憬彼高句丽，来脩裔夷职——高句丽

唐朝与高句丽玄武门之变前一直保持着相对平和的态势，而后，双方矛盾逐渐深化。太宗、高宗两朝曾六次出兵高句丽，并俘获、迁徙辽东一带人口于中原。在此之后，数以千计的高句丽、百济移民迁徙至内地，经过千年的融合，已融入中华民族的大家庭之中。据学者考证，从唐太宗到唐高宗，迁到中原的高句丽人约有30万[1]。那些保存至今的遗物和遗迹，成为我们今天研究唐代对外关系的重要素材。

---

[1] 拜根兴：《高句丽、百济遗民关联问题研究的现状与展望》，《中国历史地理论丛》2006年第2期。

1. 高木卢墓志

该墓志出土于陕西西安东郊郭家滩。志盖题为“大唐故高君之墓志铭”。志石现藏于西安碑林博物馆。墓志称高木卢“讳木卢，渤海蓨人”。在东齐居住 700 余年，“后遇田和篡夺，分居荒裔。君之远祖，避难海隅。暨我皇唐，大敷淳化。君乃越溟渤，归桑梓。遂驤首云路，侧迹天庭。枢典六闲，职司三物。嘱中宗孝和皇帝廓清宇宙，扫祲萧墙，君当奋袂提戈，御卫宸极，故得名登简册，位列珪璋”。从墓志记载的内容看，高木卢的祖先生活在山东，后因避难到沿海地区。唐朝建立后，高氏渡过渤海回到家乡。墓志记载开元十八年（729 年）七月廿七日高木卢去世，享年 81 岁[1]。

综合墓志资料中的信息，高木卢祖上为西周至春秋时的齐国人，“田氏代齐”时齐国发生内乱，高氏先人逃离齐国，避居高丽，唐朝时“越溟渤，归桑梓”，并在中宗平定内乱过程中立功，被授予官职。高木卢的儿子高履生，按照墓志记载，任左领军卫京兆府□□府折冲都尉、仗内供奉等职，也属于较低级武官。

2. 似先义逸墓志

1993 年，西安市东郊灞桥区务庄乡出土了一方唐代墓志，志盖佚。从志文可知，志主名为似先义逸，生于唐贞元十一年（765 年），卒于大中四年，年 65 岁[2]。

似先义逸是中晚唐时期的一名宦官，字仁休，祖父似先凤荣是一名处士，父亲是隋州长史似先进。似先义逸事迹在《旧唐书》中附于顾师邕传上，记述极为简略。

似先义逸为宦官，先后历德宗、顺宗、宪宗、穆宗、敬宗、

[1] 拜根兴：《在唐高句丽遗民遗物、遗迹的现状及其分布》，《中国历史地理论丛》2009 年第 1 期。

[2] 马咏钟、张安兴：《唐 < 似先义逸墓志 > 考释》，《碑林集刊（第三辑）》三秦出版社，1995 年版。

文宗、武宗、宣宗八朝，官职不断擢迁，从掖庭局监作开始，直到封为内常侍。他以中使身份参加过平定昭义军及龙卢军的叛乱，在唐文宗时的“甘露之变”中险遭杀害。志云：“文宗有意南陲，命公巡按泾上。不数日而边备修，方欲行城堡校斤候，会京城有变，征还。”“京城有变”指的是“甘露之变”[1]。

似先为高句丽姓氏。20 世纪 80 年代，在陕西永寿县永泰乡车村发现一通北魏神龟三年（520 年）的造像碑，侧卧于地上，被作为磨石使用，现存永寿县文化馆。造像碑下部所题的人名中，有高句丽似先氏四个，分别为似先鲁仁、似先仵明、似先志郎、似先睹仁（图 6-3）。1982 年，在黄陵县双龙乡西峪村北的山坡上发现一通西魏大统十四年（548 年）的造像碑，上刻许多供养人的姓名，这些姓名中最多的也是似先氏，共 11 个[2]。这些高

图 6-3 永寿县永泰乡车村发现北魏造像碑

[1][2] 金宪镛、李健超：《陕西新发现的高句丽人、新罗人遗迹》，《考古与文物》1999 年第 6 期。

句丽人，可能在西晋之后的五胡十六国时期，被割据政权掠夺至黄河中下游地区，此后便在这里繁衍生息。

墓志记载，似先义逸于大中四年（850 年）二月二十中日薨于大宁里之私第，同年十一月十六日葬于京城之万年县丰润之原。“丰润之原”，史书中未见记载，从墓志出土地点来看，应该在今天的西安市灞桥区务庄乡。似先义逸先辈及其儿子可能均葬于此地。

3. 高铙苗墓志

2008 年，西安碑林博物馆新入藏一方唐代墓志，墓志盖题“大唐故左领军员外将军墓志”，志主人高铙苗“辽东人也。族高辰、卞，价重珣、琪。背沧海而来王，仰玄风而入仕。有日磾之听敏，叶驹支之词令。……以咸亨四年（673 年）十一月十一日终于私第，恩诏葬于城南原，礼也”[1]。 从墓志记载来看，志主出身朝鲜半岛名门望族，又因“辽东”所包含的地域范围向南不超过朝鲜半岛的大同江流域，故志主高铙苗当为高句丽人。“背沧海而来王，仰玄风而入仕”指志主从海东岛国而入唐。志文中说“降灵玉阴，投诚天阙”，可知高铙苗是投诚而来。志文中用金日磾和驹支作比，暗示着志主的投诚经历和非汉族身份（图 6-4）。

图 6-4 高铙苗墓志及志盖

[1] 张彦：《唐高丽遗民 <高铙苗墓志> 考略》，《文博》2010 年第 5 期。

4. 其他

660 年、668 年，百济、高句丽两国相继被唐朝与新罗联合攻灭。与此同时，数以千计的高句丽、百济遗民或者被强行迁徙，或者因战乱流落各地，并以各种方式，分别被安置于唐朝内地，流落于北方突厥辖境、新罗控制区以及后来的渤海。

668 年 9 月，高句丽灭亡。高句丽末代王高藏辗转来到洛阳、长安。唐高宗“以高藏政非己出，赦以为司平太常伯、员外同正”。仪凤二年（677 年），封高藏为辽东州都督、朝鲜郡王，令其赴辽东“安辑高丽余众。高丽先在诸州者，皆遣与藏俱归”。唐朝想通过高藏，平息高句丽灭亡后辽东地域的混乱局面，改变此前直接介入朝鲜半岛事务之策略。然而，到达辽东后的高藏竟联合靺鞨人反叛，唐朝随即流放高藏至剑南道邛州。高藏死后，唐朝“赠卫尉卿，葬颉利墓左，树碑立阡”。关于颉利墓的位置，《新唐书》载“颉利死，赠归义王，谥曰荒，诏国人葬之，从其礼，火尸，起冢灞东”。颉利墓在灞东，高藏葬于颉利墓左，因此也应在灞水以东，但具体位置并不知晓。经过学者前往西安东郊实地考察以及查阅和比证文献资料，结合西安东郊灞河流向及两岸遗存和地理环境，访问当地知晓考古发掘及 20 世纪 90 年代以后盗墓事件的村民，初步猜测西安灞桥区新筑街道办事处所属高寨村冢墓遗迹，或为高句丽末代王高藏葬地[1]。

李他仁墓志，1989 年出土于西安市东郊西北国棉五厂基建工地，墓志记载“君讳他仁，本辽东栅州人也，后移贯雍州之万年县焉”。栅州的位置，学界说法不一。有学者经过考证，认为李他仁有可能出自高句丽，在唐与高句丽的战争中归降[2]。

---

[1] 拜根兴：《在唐高句丽遗民遗物、遗迹的现状及其分布》，《中国历史地理论丛》2009 年第 1 期。

[2] 拜根兴：《唐李他仁墓志研究中的几个问题》，《陕西师范大学学报（哲学社会科学版）》2010 年第 1 期。

（三）沧波天堑外，何岛是新罗——新罗

新罗位于朝鲜半岛南部以东。有唐一朝，其始终与唐朝保持着密切的往来关系。入唐新罗使者、僧人、商人、留学生纷纷到来，将唐代的汉字、儒学、律令、宗教等知识带回朝鲜新罗人的文学作品在唐代诗歌中也占有一席之地，如新罗人金可纪作《题游仙寺》诗句云："波冲乱石长如雨，风激疏松镇似秋"以及如新罗人金立之的《秋叶望月》诗句云："烟破树头惊宿鸟，露凝苔上暗流萤"等。

长安作为唐代都城，陕西境内保存了许多同新罗相关的遗迹。史书中载户县东南六十里，有新罗王子台。虽确切位置不明，但应与当时的中外交流有关。此外，陕西省宝鸡市麟游县的万年宫，其内有唐高宗李治亲书的《万年宫铭》，在其碑阴刻有当时扈从高宗一同前往的三品以上众臣僚军将提名，其中就有作为藩属国宿卫者新罗人金仁问的名字。乾陵六十一蕃臣像中，新罗使者也赫然在列[1]（图 6-5）。

图 6-5
乾陵蕃臣像中的新罗使者

1.《客使图》中的新罗使者

乾陵是唐高宗李治与女皇武则天的合葬陵。陵墓东南方有 17 座陪葬墓，现已发掘的有永泰公主墓、懿德太子墓、章怀太子墓、李谨行墓等。章怀太子李贤是李治与武则天的第二子，系高宗时期所立的第三位太子，后遭废杀。其墓葬位于乾陵东南

[1] 拜根兴：《唐朝与新罗往来研究二题——以西安周边所在的石刻碑志为中心》，《当代韩国》2011 年秋季号。

图 6-6 章怀太子墓出土“客使图”

三千米左右，1971 年，文物部门对其进行了发掘。

在章怀太子墓墓道东西两壁，保存着至今完好的多组壁画，其中东壁客使图的第二人北向半侧面，椭圆形脸，须眉清晰，朱唇。头戴羽毛帽，二鸟羽向上直立，帽前着朱红色，两旁着绿色，两边有带束于颈下。耳露于带外。大红领长白袍，衣襟镶红边，宽袖，两手拱于袖中。束白带，穿黄靴[1]（图 6-6）。关于壁画中这位头插羽毛、表情严肃、毕恭毕敬的使者所属国别，学界观点纷纭。有学者认为是新罗使者，也有认为是高句丽使者。不论何种观点，从人物服饰和插有羽毛的冠帽来看，此人来自朝鲜半岛无疑。章怀太子李贤生于永徽五年（655 年），卒于唐睿宗文明元年（684 年）。在这一段历史中，唐王朝与高句丽关系恶化，但同新罗保持着友善的关系，668 年，唐出兵灭高句丽。从这一点上看，东壁《客使图》第二人极可能为新罗使者。

2. 金日晟墓志

继高句丽、百济在唐朝与新罗的联合进攻下相继灭亡后，大量高句丽、百济移民来到唐朝，高句丽、百济移民墓志也在长安、洛阳两京范围内相继出土。同时，新罗在统一朝鲜半岛后，同唐王朝保持着非常密切的关系，众多新罗人来到唐朝，其中包括商人、使者和留学生等。但新罗人在华的墓志却极少出土。2010 年，

---

[1] 陕西省博物馆、乾县文教局唐墓发掘组：《唐章怀太子墓发掘简报》，《文物》1972 年第 7 版。

西安大唐西市博物馆收藏了一方墓志，按照墓志记载，墓主人姓金，名日晟，乃新罗王之从兄。

金日晟，新罗人，按照墓志记载，“归奉中朝，率先万国，上嘉之，累授银青光禄大夫，光禄卿。……以大历九年夏四月廿八日，薨于长安崇贤里之私第，春秋六十有二。……追赠兖州都督。冥途增宠，嗣子摧心。以其年甲寅秋八月戊辰朔粤五日壬申，诏葬于长安永寿之古原”[1]。根据墓志记载，墓主金日晟为新罗王的从兄。从兄，即堂兄。生于唐玄宗先天二年（713 年），入唐之后担任官职，与唐人通婚，并长期在唐生活。按照墓志记载，唐朝廷葬金日晟于“长安永寿之古原”，史念海教授考证永寿乡位于今西安市长安区北部，约雁塔区三爻村附近，故推知墓志的出土地也应在这一带。

3. 李璆妻金夫人墓志

李璆妻金夫人墓志 1954 年出土于西安东郊郭家滩，盖书“大唐故金氏夫人墓铭”。按照墓志记载，夫人本少昊氏金天后裔，远祖金日磾，墓志称夫人为“京兆金氏”。志文又记，金夫人祖辈“握粟去国，避时候届远，故吾宗违异于辽东”，“今复昌炽吾宗于辽东”。《三国史记》载：“（新）罗人自谓少昊金天氏之后，故姓金”，因此看来，金夫人虽以京兆为郡望，但其宗族源出于辽东，与新罗金氏可能有着密切的关系[2]。至于远祖金日磾的记载，当是攀附之说。

除此之外，碑林博物馆还收藏一方唐清河县君金氏墓志，志记“县君，清河人也。其先三韩之贵胤”。可知金夫人的祖先为三韩贵族，而金姓后来成为新罗的王族大姓，因此金夫人极有可

[1] 拜根兴：《新公布的在唐新罗人金日晟墓志考析》，《唐史论丛（第十七辑）》，陕西师范大学出版总社有限公司，2014 年版。

[2] 赵力光：《西安碑林所藏与海东关联墓志概述》，《碑林集刊（第十七辑）》，三秦出版社，2011 年版。

能是新罗人。金氏大历七年（772 年）卒于京兆府万年县常乐里，墓志出土地应为西安[1]。

二、始知更有扶桑东——日本

日本同中国一衣带水，比邻而居，有着长久的交往关系。早在《汉书·地理志》中便提到："乐浪海中有倭人，分为百余国。"汉光武帝中元二年（57 年），日本就和中国有了官方交往，光武帝赐以印绶。7 世纪起，日本开始向中国派遣留学生、学问僧等。唐代文化高度发达，日本多次派遣唐使来朝，并携带留学生赴长安学习。唐王朝也曾多次向日本派遣使节，中国的书籍、货物等随之大量输入日本，在日本北至北海道，南至九州的全国范围内曾有大量唐朝"开元通宝"货币的出土。公元 753 年，僧人鉴真东渡日本，在日本传经授戒，开创日本律宗，为中日文化交流做出了巨大贡献。

（一）各持钱币通有无——日本银币

1970 年出土的西安何家村唐代遗宝中，同美轮美奂的金银器一起出土的，还有一批来自不同国家的钱币，其中便有五枚来自日本的"和同开珎"银币（图 6-7）。

提起"和同开珎"，许多人并不陌生，它曾作为唐代中日友好往来的见证，一度出现在中小学历史课本及各个场合。"和同开珎"是日本奈良王朝元明天皇和铜元年（708 年）仿效中国唐代"开元通宝"钱铸造的货币。上书隶书"和同开珎"。"同"为"铜"、"珎"为"宝"的省略写法，这是日本最早铸行的法

[1] 赵力光：《西安碑林所藏与海东关联墓志概述》，《碑林集刊（第十七辑）》，三秦出版社，2011 年版。

图 6-7 “和同开珎”

定货币。日本奈良时代元明天皇庆云五年（708 年）正月，武藏国秩父乡首次发现铜矿，献铜于朝廷。元明天皇以此作为值得庆贺的国家大事，因此改年号为“和铜”，“二月，始置催铸钱司。夏五月，始行银钱。秋七月，令近江国铸铜钱，八月行铜钱”。“和同开珎”便铸造于这一时期。

“和同开珎”银币的珍贵程度名列日本货币史之首。从开始铸造到停废仅一年零三个月，铸造量不多，遗留到现在的更少。何家村出土的五枚银币是唐玄宗开元四年（716 年），由日本第七次遣唐使带入中国的。

唐时，中日之间的经济文化关系非常密切。无论是物品的买卖，还是技术的传播，或是经济政治制度的模仿，日本的交流规模与来华人数，都是前所未有的。初唐至中唐年间，两国的交流主要采取派遣使节和留学生的方式，日本多次向中国派出遣唐使，携留学生来到长安，并在此居留、学习。《旧唐书·东夷传》载：日本于“贞观五年，遣使贡方物。”《新唐书·太宗本纪》也载：“太宗贞观五年，遣使者入朝，帝矜其远，诏有司毋拘岁贡。”有唐一朝，日本多次遣使进贡，进贡物品有琥珀、玛瑙、鹿皮、弓箭、甲胄以及丝麻制品等。当然，唐朝廷也给予了丰厚的赏赐。

（二）奏遣留学生，有诏命所司——井真成墓志

2004年春，西北大学历史博物馆征集到“赠尚衣奉御井府君墓志”一合。墓志汉白玉质，正方形。全文如下：

赠尚衣奉御井府君墓志文并序

公姓井，字真成，国号日本。才称天纵，故能衔命远邦，驰骋上国。蹈礼乐，袭衣冠，束带立朝，难与俦矣。岂图强学不倦，未道未终，壑遇移舟，隙逢奔驷，以开元廿二年正月□日，乃终於官弟。春秋卅六。皇上哀伤，追崇有典，诏赠尚衣奉御，葬领官给。即以其年二月四日，窆於万年县浐水东原。礼也。呜呼！素车晓引，丹旐行哀，嗟远人兮颓暮日，指穷郊兮悲夜台。其辞曰：寿乃天常，哀兹远方。形既埋於黄土，魂庶归於故乡[1]。

墓志写得十分简短，却清楚地透露了这样一些信息：井真成为日本人，井真成三字，或为其所用的中国姓名，也可能是日文原名。墓志中的“国号日本”，是在文物资料中首次发现日本的国名。《新唐书·日本传》载：“咸亨元年，遣使高句丽。后稍习夏音，恶倭名，更号日本。”《资治通鉴》记：“咸亨元年三月，遣使贺平高丽，尔后继来朝贡。则天时，自言其国近日所出，故号日本国。盖恶其名不雅而改之。”关于志主人的身份，学界有许多猜测。大多学者认为，井真成应该是一名从日本来唐的留学生，因此，他死后，才能得到唐王朝追赠官职（“尚衣奉御”），并由政府出资安葬（“葬领官给”）（图6-8）。

在唐朝万花筒般的三个世纪里，中国的文化输出和在世界的影响力达到了前未有过的高度，其中尤以对日本的文化输出为盛。从隋朝开始，日本便派遣留学生来华，到了唐代，派遣的规模更

[1] 贾麦明、葛继勇：《井真成墓志铭释读再探》，《西北大学学报（哲学社会科学版）》，2005年第2期。

图 6-8 井真成墓志及志盖拓片

大。在交通工具不发达的古代，海上旅行具有很大的风险，但日本留学生还是源源不断地来到中国，将中国的文化、各种上层建筑的意识形态、科学技术带回日本。

由于客观条件所限，日本的留学生，都是由遣唐使送来的。自 630 年第一次派遣到 894 年正式停派为止的 200 多年间，日本共派遣遣唐使 19 次，实际到中国的有 13 次。每次携带的留学生约为十数人，一般不会超过二三十人。根据井真成的卒年开元二十二年来分析，井真成最有可能是随第八次或第九次遣唐使来中国的。

唐代接待日本使节和留学生的机构为鸿胪寺，外国使节来唐聘问，其至唐以后及归国途中的资粮皆由中国供给。日本遣唐留学生，除少数特殊情况外，大多进入国子监学习，学习期间的费用由鸿胪寺供给。这其中不乏知名文人，如晁衡，即阿倍仲麻吕，便是日本遣唐留学生，同李白等文人皆有交情。李白误以为晁衡身故而写下《哭晁衡卿》，诗云“日本晁卿辞帝都，征帆一片绕蓬壶。明月不归沉碧海，白云愁色满苍梧”，千百年来传诵不衰。

墓志文后有空缺四行，或为书写日本文字所用，从本书波斯篇所引《苏谅妻马氏墓志》可知，当时的异乡人可能有用本国语言和汉文两种文字书写墓志的习惯，但井真成墓志后留出空隙但却未曾填写的原因却无从知晓，可能是时间仓促，也可能没有合适的翻译，其真正原因不得而知。

结语

对世界古代史，你知道多少？

在中小学的课程设置中，历史是一门名副其实的副科。及到大学，除历史系及相关专业外，开设历史课程的专业更是寥寥无几。记得在笔者上中学时，三年普通高中攒下五本历史课本，其中两本为中国古代史，两本为中国近现代史，一本为世界史。在这明显薄于其他四本书的世界史中，世界古代史仅占全书的三分之一。算来不过半厘米厚度的纸，却要将人类文明的起源、发展，从古代埃及到巴比伦，从亚里士多德到亚历山大，从孔雀王朝到波斯萨珊，上下何止5000年的历史一勺烩之，其精细程度可想而知。

这恐怕是我们中大多数人的世界史知识现状。

我们沉醉于中华文明辉煌的历史，因为它足以让每一个炎黄子孙为之自豪。但同时也无法忽视，在和周秦汉唐同时代的历史舞台彼端，也曾存续过一个个伟大的文明。它们中有的历史比我们还要悠久，有的艺术甚至比我们更加精美，有的影响范围比我们还要宽广。他们和我们一起屹立于世界各方，为人类文明的进步留下不朽的遗产。而我们的文明，也是在和其他文明的交流互动中，一步步走向成熟和完美。

知己知彼，方有自豪之本。知己不知彼，直无异于坐井观天。

中亚各国与我们比邻而居，各少数民族同汉族交融杂处，是同我们交往最为深入，彼此影响最久远的地区。在很长的一段时间里，这一地域还充当着中国与西方之间军事缓冲屏障的角色。历史上，除了大月氏人建立的贵霜王朝外，这一区域几乎从未出现过统一强大的国家，中亚诸国大多臣服于中国或者波斯、大食。但正因如此，这一地域的文化具备了兼收并蓄的风格，既有西亚的奇诡绚丽，又有东方的余味悠长。其独有的艺术风格为中国，尤其是南北朝隋唐人民所喜爱和接受。各种宗教，带着强大的文化冲击力，也经由这一地区进入中国。

西亚地处亚欧交界，是沟通波斯湾与里海之间的一座桥梁。其文明上承巴比伦遗韵，匠心独运而自成一家。同中亚地区不同的是，10 世纪之前，这一地区多由统一强大的国家控制，这一因素为经济和艺术的发展提供了保障。西亚美术在世界美术史上占有重要一笔，而发源于西亚的宗教，更是对世界宗教结构产生过深远的影响。这一地区绚烂的文化，依托丝绸之路，曾源源不断地输入中国，为贵族和民众所接受和喜爱。

欧洲文明发端于希腊，古代希腊在数学、绘画、雕塑、建筑、哲学、戏剧方面的成就，为欧洲文明的强盛奠定了坚实的基础。在世界范围内，欧洲文明是影响范围最大、时间最长的文明类型。随着罗马帝国的不断扩张，希腊文明向东方远播，其哲学、宗教、艺术也在世界范围内遍地开花。虽然地域较远，欧洲文明还是和中华文明凭借贸易往来建立了紧密联系，在文化上相互欣赏，并相互接受。

南亚也是同我国交流较多的地域之一。通过陆上和海上丝绸之路的连接，印度同我国建立了经济文化上的交流。印度璀璨的文明，对亚洲各国都具有极强的辐射力，对中国文化的影响也持久深远。佛教在我国民众中的影响尤深，并且在传播过程中同本土思想相结合，在其哲学性与思想性上产生了更大的突破。

由于距离所限，非洲同我国之间的交往多为间接，史书中关于非洲的记载也不算多。但源远流长的非洲文明，也曾在漫长的发展过程中，同华夏文明产生过交集，碰撞出火花。

东亚的朝鲜和日本，长期以来受中华文明影响较大，其来华的留学生和学问僧等人，在将中华经典带回本国的同时，也将其文化传统留在了中华大地。

文化交流的基础是国家的强盛与和平，当然，少数通过战争强行推进文化侵略的史实除外。文化交流的保障则是发达的交通。越到后世，世界各国之间的联系越发紧密。陕西是周秦汉唐都城所在，北宋之后经济政治重心东移，陕西在中国对外交流史上的影响力也随之减弱，故本书所选择的文物时代，多为唐代及唐代之前。

由于本书体量有限，写作时间有限，只能将中国的对外交流史，从一个很小的角度折射给大家看。从这揭起的冰山一角，窥知人类历史的博大精深。而看过世界历史的兴衰起伏，方能更深地体味华夏文明的真实璀璨，博大绵长。

参考文献

[1]宿白：《考古发现与中西文化交流》，文物出版社，2012 年版。

[2][美]爱德华·谢弗著；吴玉贵译：《唐代的外来文明》，陕西师范大学出版社，2005 年版。

[3]张夫也：《外国工艺美术史》，高等教育出版社，2006 年版。

[4]邢义田：《立体的历史：从图像看古代中国与域外文化》，生活·读书·新知三联书店，2014 年版。

[5]罗丰：《胡汉之间："丝绸之路"与西北历史考古》，文物出版社，2004 年版。

[6]向达：《唐代长安与西域文明》，生活·读书·新知三联书店，1957 年版。

[7]荣新江：《中古中国与外来文明》，生活·读书·新知三联书店，2001 年版。

[8]黄利平、康薇、周劲思、李景华：《足迹从丝路延伸——中国古代对外文化交流》，人民日报出版社，1995 年版。

[9]葛承雍：《唐韵胡音与外来文明》，中华书局，2006 年版。

[10]林梅村：《西域文明——考古、民族、语言和宗教新论》，东方出版社，1995 年版。

[11]孙机：《中国圣火——中国古文物与东西文化交流中

的若干问题》，辽宁教育出版社，1996年版。

[12]沈福伟：《中西文化交流史》，上海人民出版社，2006年版。

[13]沈福伟：《中国与西亚非洲文化交流志》，上海人民出版社，1998年版。

[14][法]阿里·玛扎海里著；耿昇译：《丝绸之路：中国——波斯文化交流史》，中华书局，1993年版。

[15]林梅村：《松漠之间——考古新发现所见中外文化交流》，生活·读书·新知三联书店，2007年版。

[16]叶奕良：《伊朗学在中国论文集（第二集）》，北京大学出版社，1998年版。

[17]张星烺：《中西交通史料汇编》，中华书局，2003年版。

[18]齐东方：《唐代金银器研究》，中国社会科学出版社，1999年版。

[19]韩伟：《海内外唐代金银器萃编》，三秦出版社，1989年版。

[20]林梅村：《丝绸之路考古十五讲》，北京大学出版社，2006年版。

[21]罗世平、齐东方：《波斯和伊斯兰美术》，中国人民大学出版社，2010年版。

[22]陕西历史博物馆等：《花舞大唐春——何家村遗宝精粹》，文物出版社，2003年版。

[23]西安市文物保护考古所：《西安文物精华——金银器》，世界图书出版公司，2008年版。

[24]西安市文物保护考古所：《西安文物精华——佛教造像》，世界图书出版公司，2010年版。

后记

匆忙之间开笔，匆忙之间成稿，随着 2014 年如流沙般在指间滑过，本书的写作过程也接近了尾声。一年以来，无数个加班的夜晚，在电脑前熬得双眼通红；案头的资料堆叠如山，走过一眼望不见人；每日里听着乐游路的建材市场从喧嚣到静默；看着华灯初上，月绽星河；雁塔广场的树叶从翠绿到枯黄，又渐渐随风飘落。

初次接到写稿任务时，心里是怀着一份惴惴的心情。因题目的难以把握而不安，因自身水平有限而不安，因写稿时间仓促而不安。但随着时间的推进和写作的深入，心情却逐渐明朗了起来，渐渐体味到了写作过程中不可言传的妙处，那是滴水汇集，缓缓流出的自然之妙，是拨云见日，曙光初现的豁然之妙。这种妙处，也是对一年多以来的辛苦最好的回报。

本书中引用的所有资料，大多散见于各考古报告、简报、图录之中，作者将之一点点搜集、积累，参考诸家观点，将之分类、研究，最终成稿。由于篇幅所限，一些书中所使用的图片未能及时标注出处，如出现版权问题，还请与作者联系。

在本书即将付梓之时，特别感谢陕西省考古研究院领导为本书的写作提供的支持和保障，感谢王小蒙老师和张天恩老师的审阅批评，感谢出版社黄刚编辑为书稿所做的工作。

虽然不甚满意，截稿之期却倏忽之间便到了，作者遗憾自不必说，也望读者批评宽容并不吝赐教。若书中能有一二处资料为后来的研究者们提供一份灵感与参考，则不胜荣幸。

作 者

2015 年 2 月 1 日于西安

图书在版编目（CIP）数据

海纳百川 ： 陕西文物折射的对外交流 / 王亮亮，夏楠，赵艺蓬著．— 西安 ：陕西人民出版社，2016
（考古陕西 / 赵荣主编）
ISBN 978-7-224-11865-0

Ⅰ．①海… Ⅱ．①王… ②夏… ③赵… Ⅲ．①中外关系—文化交流—文化史 Ⅳ．① K203

中国版本图书馆 CIP 数据核字（2016）第 105609 号

海纳百川——陕西文物折射的对外交流

作　　者　王亮亮　夏　楠　赵艺蓬
出版发行　陕西新华出版传媒集团　陕西人民出版社
　　　　　（西安北大街 147 号　邮编：710003）
印　　刷　陕西龙山海天艺术印务有限公司
开　　本　787mm×1092mm　16 开　15 印张
字　　数　175 千字
版　　次　2016 年 12 月第 1 版　2016 年 12 月第 1 次印刷
书　　号　ISBN 978-7-224-11865-0
定　　价　45.00 元